내일을 바꾸는 사회 참여

우리는 민주 시민 ❶
내일을 바꾸는 사회 참여

초판 1쇄 발행 2019년 1월 15일
초판 5쇄 발행 2023년 9월 20일

글 강로사
그림 시은경

펴낸곳 도서출판 개암나무(주)
펴낸이 김보경
경영관리 총괄 김수현   **경영관리** 배정은 조영재
편집 조원선 오누리 김소희   **디자인** 이은주   **마케팅** 김유정
출판등록 2006년 6월 16일   제22-2944호

주소 서울특별시 용산구 한남대로40길 19, 4층(한남동, JD빌딩) (우)04417
전화 (02)6254-0601, 6207-0603   **팩스** (02)6254-0602   **E-mail** gaeam@gaeamnamu.co.kr
개암나무 블로그 http://blog.naver.com/gaeamnamu   **개암나무 카페** http://cafe.naver.com/gaeam

© 강로사, 시은경, 2019
이 책의 저작권은 저자에게 있습니다. 저자와 출판사의 허락 없이 내용의 일부를 인용하거나 발췌하는 것을 금합니다.

ISBN 978-89-6830-504-7 74330
ISBN 978-89-6830-503-0 (세트)

이 도서의 국립중앙도서관 출판시도서목록(CIP)은 서지정보유통지원시스템 홈페이지(http://seoji.nl.go.kr)와
국가자료공동목록시스템(http://www.nl.go.kr/kolisnet)에서 이용하실 수 있습니다.
(CIP제어번호: CIP2018040386)

© 2018-Succession Pablo Picasso-SACK(Korea)
이 책에 사용한 일부 작품은 SACK를 통해 Succession Pablo Picasso와 저작권 계약을 맺었습니다.
저작권법에 의하여 한국 내에서 보호를 받는 저작물이므로 무단 전재 및 배포를 금합니다.

품명 아동 도서 | **제조년월** 2023년 9월 20일 | **사용연령** 11세 이상
제조자명 개암나무(주) | **제조국명** 대한민국 | **전화번호** 02-6254-0601
주소 서울특별시 용산구 한남대로40길 19, 4층(한남동, JD빌딩)

우리는 민주 시민 1

내일을 바꾸는 사회 참여

강로사 글 시은경 그림

개암나무

사회 참여, 왜 해야 할까요? • 8
::한 걸음 더:: **역사에서 찾은 사회 참여** • 20

사회 참여, 주제는 어떻게 정할까요? • 22
::한 걸음 더:: **사소한 불편에서 시작한 사회 참여** • 34

사회 참여, 방법은 다양해요 • 36
::한 걸음 더:: **일상 속 작은 실천** • 60

의견을 조율하고 토론해요 • 62

::한 걸음 더:: **지역 이기주의** • 72

직접 현장으로 나가요 • 74

::한 걸음 더:: **이런 방법도 있어요!** • 94

사회 참여, 정리는 이렇게! • 96

::한 걸음 더:: **세계의 사회 참여 교육** • 110

작가의 말

여러분도 세상을 바꿀 수 있어요!

우리 동네에는 엄청나게 큰 횡단보도가 있어요. 신호가 바뀌기까지 시간이 걸리다 보니 마음이 급한 사람들이 위험천만하게 무단 횡단을 했어요. 그러다가 교통사고를 당하기도 했지요.

어느 날, 도로 중앙에 철제 울타리가 생겼어요. 그 때문에 사람들은 더 이상 무단 횡단을 하지 않았어요. 그런데 알고 보니 이 울타리를 설치하는 데 제 아버지의 노고가 있었어요. 아버지가 울타리를 설치해 달라고 시청에 민원을 넣었던 거예요.

이 일이 있기 전까지 저는 사회를 바꾸는 사람은 따로 있다고 생각했어요. 권력, 명예, 부를 지닌 사람들이나 사회를 바꿀 수 있다고 여겼지요. 하지만 그렇지 않았어요. 관심과 의지만 있으면 누구나 할 수 있는 일이었어요.

이후 작은 관심과 의지로 사회를 변화시킨 사례들을 찾아보았어요. 아니나 다를까 슈퍼맨처럼 특별한 능력이 없는데도 세상을 바꾸기 위해 행동한 사람들이 많았어요. 열두 살 어린이가 학교 이름을 바꾸었고, 덴마크의 십대 청소년들이 나치 지배의 부당함에 저항하여 온 국민의 지지를 이끌어 냈어요. 베네수엘라 어린이들은 자신들의 힘으로 마을에 놀이터를 세웠지요.

이처럼 사회 문제를 해결하는 데 자발적으로 참여하여 더 살기 좋게 만드는 활동을 '사회 참여'라고 해요. 사회 참여는 민주주의 사회를 살아가는 시민들의 권리이자 의무예요. 그래서 많은 나라들이 어릴 때부터 체계적인 교육을 통해 성숙한 시민 의식을 기르도록 돕지요. 저도 여러분이 이 책을 읽고 더 나은 세상을 만드는 다양한 사회 참여 활동을 고민해 보았으면 해요. 여러분이 할 수 있는 일이 있냐고요? 물론이에요! 이 책의 주인공 시안이도 처음에는 사회 참여 활동을 어렵게만 생각했어요. 그러나 친구들과 함께 주변을 돌아보고, 문제 의식을 키우고, 작은 실천들을 해 나가면서 조금씩 자신감을 갖게 되었답니다.

여러분도 얼마든지 할 수 있어요. 사회를 향한 여러분의 작은 관심과 노력이 세상을 더 나은 방향으로 이끌 거예요.

강로사

사회 참여,
왜 해야 할까요?

어린이가 세상을 바꾼다고?

'똥학교'란 놀림 싫어 교명 변경 나선 초등학생

지난 9월, 부산시 교육청은 대변 초등학교 측의 건의에 따라 교명을 '용암 초등학교'로 변경하기로 결정했다. 이 사건의 일등 공신은 대변 초등학교 5학년 하준석 군이다.

그간 대변 초등학교 학생들은 학교 대표로 대회에 나갈 때마다 '똥통 학교', '똥 냄새 나는 학교'라는 놀림을 받았다. 이에 하준석 군은 '학교 이름을 바꾸겠다'는 공약을 내걸고, 학생회장 선거에 출마하여 부회장에 당선되었다. 하 군은 공약을 지키고자 행동에 나섰다. 지역 축제에서 사람들의 서명을 받고, 동네 어른들께 교명을 바꾸는 데 힘을 보태 달라고 편지를 보냈다. 그렇게 만 5개월 만에 4000건 이상의 서명을 받자, 학교 측도 교명을 바꾸기로 결정하고 '교명 변경 위원회'를 구성하였다.

학교 측은 내년 3월 입학식에서 교명 변경 선포식을 열고 현판(글이나 그림을 새겨 문 위나 벽에 다는 목판)을 새로 달 계획이라고 밝혔다.

2017년 ○○월 ○○일, 참여일보

"킥킥, 똥 학교래."

"대변 초등학교? 학교 이름이 대변이 뭐야?"

사회 수업 시간에 선생님이 기사를 보여 주자, 아이들이 웅성거렸어요. 선생님이 아이들에게 물었어요.

"여러분은 학교 이름 때문에 놀림받거나 억울한 상황을 겪으면 어떻게 하겠어요?"

"어차피 좀 지나면 졸업하잖아요. 그냥 참을래요."

"학교 이름을 그렇게 지은 사람을 원망할 것 같아요."

선생님이 다시 물었어요.

"그간 대변 초등학교를 다녔던 수많은 학생들도 여러분과 비슷한 생각을 했을 거예요. 그런데 하준석 어린이는 단지 생각에 그치지 않고 행동에 나섰어요. 왜 이런 결심을 했을까요?"

초은이가 말했어요.

"부회장이 되었으니까 공약을 지키고 싶었겠지요."

"그럴 수도 있어요. 하지만 선생님은 다른 이유도 있었다고 생각해요. 공약을 지켜야 한다는 의무감과 책임감 이전에 가장 기본적인 동기가 있었을 것 같은데, 뭘까요?"

한참을 생각하던 시안이가 손을 들었어요.

"남의 일이 아니고 자기 학교 일이잖아요. 내 문제라는 생각이 가장 컸을 것 같아요. 학교에 남을 후배들도 걱정됐을 테고요."

"그래요, 아마 하준석 어린이는 알고 있었을 거예요. 누군가 나서지 않으면 문제가 해결되지 않는다는 점, 그리고 학교의 문제는 곧 자신의 문제라는 점을 말이에요."

선생님이 이번에는 '공공 기관 장애우 시설 열악해', '학교 안전 시설 보완 시급'이라는 제목의 기사를 잇달아 보여 주었어요.

"지금 이 순간에도 우리 사회 곳곳에서 갖가지 문제들이 생겨나고 있어요. 그중 어떤 문제는 나와 밀접하기도 해요. 그러나 많은 사람들이 이러한 문제들을 외면하거나 나 아닌 다른 사람이 해결할 거라고 생각해요. 그것이 언젠가는 나의 삶을 위협할 수도 있는 문제인데도 말이지요."

선생님의 말에 교실이 잠잠해졌어요. 시안이는 문득 학교 앞 횡단보도를 건너다가 차에 치일 뻔했던 일이 떠올랐어요. 비교적 짧은 횡단보도였지만, 신호등이 없어서 종종 사고가 발생했어요.

'그때 신호등이 없다고 불평만 엄청 했는데……'

"이 사회는 어른들만의 것이 아니에요. 여러분의 것이기도 하지요. 우리는 우리 자신을 위해서라도 세상에 관심을 가져야 해요."

선생님이 말을 마치고 칠판에 '사회 참여'라고 적었어요.

아이들은 알쏭달쏭한 눈빛으로 칠판을 쳐다보았어요.

"사회 참여란 세상을 더욱 살기 좋게 바꾸는 일에 스스로 참여하는 거예요. 문제를 널리 알리고 지지를 구하고, 뜻을 모아 사회의 결함을

개선하는 활동이지요. 이번 학기 사회 수업은 조를 짜서 직접 사회 참여 활동을 해 볼 거예요. 우리 반이 24명이니까 6명씩 조를 나눌게요."

"선생님, 너무 어려울 것 같아요."

"어렵게 생각할 필요 없어요. 사회 참여는 의지만 있다면 누구나 할 수 있어요. 여러분과 같은 어린이들이 세상을 바꾼 사례도 무척 많답니다. 지금부터 알려 줄게요."

시민이 바꾸는 세상

2016년 겨울, 매주 토요일마다 서울 광화문 일대는 촛불을 든 시민들로 발 디딜 틈이 없었어요. 매서운 찬바람도 시민들의 분노를 사그라뜨리지 못했지요. 10월부터 시작된 촛불 집회에는 점점 더 많은 사람들이 모여들어 한국 집회 역사상 가장 많은 인원이 모인 집회로 기록되었답니다.

수많은 시민들이 광화문 광장에 모인 것은 당시 대통령이 국민으로부터 위임받은 권한을 올바르게 행사하지 않았기 때문이었어요. 민간인을 국정(나라의 정치)에 개입하게 하고, 정권에 비판적인 의견을 낸 사람에게 불이익을 주었어요. 또 대기업에 특혜를 주고 금품을 수수한 의혹도 불거졌지요. 이 사실을 알게 된 시민들은 한목소리로 '대통령은 물러나라'고 외쳤어요. 국회는 시민들의 뜻을 대변하여 대통령을 해임하는 탄핵안을 통과시켰고, 헌법 재판소는 2017년 3월 10일, 대통령의 해임을 결정했어요. 대통령을 선출한 것도, 해임한 것도 모두 시민들의 뜻이었지요.

이 사건으로 시민들은 정치에 무관심해서는 안 된다는 사실을 깨달았어요. 또 투표만으로 시민의 역할을 다했다고 여긴 것을 반성했어요. 나라의 주인으로서 사회 문제에 관심을 갖고 적극 참여하는 게 나와 가족, 이웃을 위한 길이라는 점도 알게 되었지요.

우리나라는 대의 민주주의를 따라요. 국민 개개인이 직접 정치에 참여하는 것이 아니라, 대리인에게 자신의 권한을 대신 행사하도록 맡기는 것이지요. 이 대리인이 국회 의원이에요. 국회 의원은 국민의 뜻에 따라

나랏일을 결정해야 해요. 그런데 일부 국회 의원은 위임받은 권력을 본래 자신의 것인 양 착각하고 멋대로 휘둘러요. 기업에게 어마어마한 돈을 받고 잘못을 눈감아 주는가 하면, 돈 많고 힘 있는 이들의 목소리를 대변하고, 사회적 약자들을 외면하지요.

시민은 권력을 위임받은 국회 의원들이 국민을 위해 권력을 사용하는지 늘 감시해야 해요. 시민들이 사회 문제에 적극적으로 의견을 내고 국회 의원을 비롯한 권력자들이 올바른 방향으로 나아가는지 살펴야 해요. 그래야 민주주의가 제대로 서고, 사회도 건강해질 수 있어요.

국민과 시민의 차이가 뭐예요?

국민과 시민은 비슷해 보이지만 뜻이 달라요. 국민은 '나라 국(國)' 자에, '백성 민(民)' 자를 써서 '한 국가를 구성하는 다수의 사람'을 뜻해요. 국민과 국가는 떼려야 뗄 수 없는 관계예요. 나라 없이 국민이 존재할 수 없고 국민 없이 나라가 존재할 수 없으니까요. 또한 한 나라의 국민은 같은 국적과 주권을 지녀요. 주권은 나라를 다스리는 권리를 뜻하지요.

시민은 국민보다 개개인에게 주권이 있다는 점을 더 강조한 말이에요. 시민은 크게 두 가지 뜻이 있어요. '도시에 사는 사람' 그리고 '정치적으로 주권을 행사하는 주체'예요. 요즘은 두 번째 의미로 더 자주 쓰이지요. 영국, 프랑스 등에서 왕권과 특권층에 맞서 일어난 혁명도 이러한 맥락에서 '시민 혁명'이라고 불러요. 그러니까 국민은 공동체성을, 시민은 개인의 주권을 강조한 말이라고 생각하면 돼요.

인생을 바꾸는 일: 파키스탄의 말랄라 유사프자이

우리나라를 비롯한 대부분의 나라에서는 여자와 남자가 평등하게 학교 교육을 받아요. 그러나 말랄라 유사프자이가 사는 파키스탄을 비롯한 일부 국가에서는 여자에게 교육의 기회를 주지 않아요.

말랄라는 이것이 부당하다며 여성도 교육 받을 권리가 있다고 주장했어요. 이때 말랄라의 나이는 고작 10살이었지요. 11살 때에는 영국 BBC 방송국 블로그에 익명으로 글을 쓰기 시작했어요. 글을 통해 고통받는 파키스탄 여성들의 실상과 무자비한 무장 세력 탈레반의 실체를 알렸어요. 말랄라의 글을 읽은 해외 누리꾼들은 큰 충격에 빠졌지요.

여성들을 교육하는 것에 반대한 탈레반은 학교에서 집으로 돌아가던 어린 말랄라에게 총을 쏘았어요. 말랄라는 다행히 수술을 받아 목숨을 건졌지만, 그 뒤로도 몇 차례나 탈레반의 공격을 받았어요.

파키스탄의 부당한 상황을 세계에 알리는 데 앞장선 말랄라 유사프자이.

말랄라는 위험천만한 상황 속에서도 포기하지 않고 자신의 목소리를 냈어요. 그리고 2014년에 세계 최연소로 노벨 평화상을 받았지요.

말랄라는 왜 목숨을 위협 받는 상황에서도 사회를 변화시키는 일에 앞장섰을까요? 자신의 삶이 소중하지 않아서였을까요? 그렇지 않아요. 말라라는 여성의 인권 신장을 위해 목소리를 내는 것이 곧 자신을 위한 일이라고 생각했어요.

의지를 가지고 행동하지 않으면 아무 일도 일어나지 않아요. 말랄라가 만일 차별을 당연하게 받아들였다면 말랄라 자신을 비롯한 수많은 파키스탄 여성들은 여전히 숨죽이며 지내고 있을지도 몰라요.

시작은 작은 행동에서: 덴마크의 처칠 클럽

때로는 작은 행동이 중대한 사회 문제를 해결하기도 해요. 덴마크 십대 소년들의 사례처럼 말이지요. 1940년, 덴마크 정부는 나치 독일의 점령 선포를 받아들였어요. 대부분의 덴마크 국민들은 나라의 주권을 빼앗겼는데도 이를 묵인했어요. 독일군을 상대로 돈벌이를 할 수 있다며 반기는 사람들까지 생겨났지요.

그러나 십대 소년인 옌스와 그의 동생 크누드 페데르센은 나치 독일에 저항하기로 결심했어요. 자신들의 조국이 나치 독일에 제대로 맞서지 않고 순순히 점령을 받아들였다는 사실에 수치심을 느꼈지요.

이들은 뜻이 맞는 친구들을 모아 '처칠 클럽'을 만들고 행동에 나섰어요. 독일어로 적힌 표지판을 망가뜨리거나 독일의 전화선을 끊고 도망갔지요.

묵인 모르는 체하고 하려는 대로 내버려 둠으로써 슬며시 인정함.

작은 계획에 성공하자, 더욱 과감해져서 나중에는 독일군의 군용품에 불을 질렀어요.

처칠 클럽 소년들은 결국 감옥에 갇혔어요. 그런데 이 사실이 알려지자, 덴마크 국민들은 크게 반성했어요. 나라를 되찾기 위해 나선 이들이 정부의 고위 관리도, 명망가도 아닌 힘없는 십대 소년들이었기 때문이지요. 덴마크 국민들은 이 일을 계기로 나치 독일에 저항했어요.

이처럼 사회 참여는 거창하지 않아도 돼요. 큰 계획을 세울 필요도 없어요. 내가 할 수 있는 만큼만 하면 되지요. 중요한 것은 주저하지 않고 무엇이든 시작하는 것이랍니다.

| 한 걸음 더

역사에서 찾은 사회 참여

사회 참여로 인해 역사가 완전히 뒤집히기도 했어요. 그것을 '혁명'이라고 하지요. 시민들은 혁명을 통해 자신들의 권리와 자유를 되찾고 민주주의를 이루었어요. 민주주의를 이끈 시민 혁명에 대해 알아봐요.

미국의 독립 혁명(1775~1783년)

1775년, 미국이 영국의 지배에서 벗어나기 위해 일으킨 혁명이에요. 당시 미국 시민들은 세금을 과도하게 걷는 영국 정부 때문에 고통을 겪었어요. 이에 조지 워싱턴 장군을 필두로 13개 주가 협력하여 영국에 맞서 전쟁을 벌였지요.

1776년, 마침내 미국은 독립 선언문을 발표했어요. 독립 선언문은 '모든 사람은 평등하게 태어났으며 각자에게는 생명과 자유와 행복을 추구할 권리가 있다. 이 권리는 하늘에서 부여받았기 때문에 양도할 수 없고, 이 권리를 보장받기 위해 정부가 생겨났다'는 내용이었어요.

그러나 이후에도 두 나라 사이에

영국에 맞서 전쟁을 이끈 조지 워싱턴.

전쟁이 계속 이어졌고, 1783년에야 끝이 났어요. 전쟁을 이끈 조지 워싱턴은 훗날 미국의 1대 대통령이 되었지요. 독립 혁명은 미국 시민의 피와 땀으로 이뤄낸 것이었어요.

프랑스 대혁명(1789~1794년)

1789년, 당시 왕이었던 루이 16세와 소수의 귀족들은 엄청난 부와 사치를 누렸어요. 시민들은 과도한 세금 때문에 고통에 시달리다 급기야 곡괭이와 삽을 들고 일어났어요. 이것을 프랑스 대혁명이라고 해요.

혁명은 프랑스 전체로 퍼져 나가 1794년에 마침내 시민들의 힘으로 폭정을 일삼은 루이 16세를 처형하고 민주 국가를 이룩했어요.

사회 참여, 주제는 어떻게 정할까요?

주제 정하는 건 너무 어려워

"다들 조별로 앉았지요?"

"네!"

시안이는 같은 조 친구들을 둘러보았어요.

그때 홍재가 시안이에게 거칠게 어깨동무를 했어요.

"야! 어시안! 같은 조네? 우리 잘해 보자!"

"켁켁, 알았으니까 이것 좀 놔. 선생님이 말씀하시잖아."

시안이는 홍재에게 벗어나 선생님을 향해 고개를 돌렸어요.

"자, 이번 시간에는 사회 참여 주제를 정해 볼 거예요. 먼저 조원들끼리 주제를 의논해 보세요."

선생님의 말에 시안이네 조 아이들도 논의를 시작했어요.

먼저 홍재가 말했어요.

"우리 다 같이 촛불 집회하자. 규모가 크면 멋있어 보일 거야."

"왜 촛불 집회를 하는데? 목적이 있어야지. 우리는 지금 그 목적을 찾는 거야."

시안이가 톡 쏘아붙이자, 홍재가 머리를 긁적였어요.

"하하, 그런가? 초은아, 넌 어떤 주제가 좋을 것 같아? 네가 우리 반 일등이니까 좋은 생각이 있을 것 같은데."

"나는 아직 잘 모르겠어. 다른 사람 의견부터 들어볼게."

초은이의 말에 규호가 심드렁하게 대꾸했어요.

"그렇게 공들일 필요가 있을까? 되도록 간단한 걸로 정하자. 지난 시간에 선생님이 봉사 활동도 좋다고 했잖아. 학교 운동장 청소는 어때?"

"운동장 청소는 체육 시간에 학급마다 돌아가면서 하잖아. 그런 걸 주제로 삼을 필요는 없지."

"그럼 뭘로 정해? 주변을 돌아봐도 우리가 참여해서 해결할 만한 문제가 없는걸."

규호가 어깨를 으쓱해 보였어요. 그러자 초은이가 말했어요.

"음, 저번에 수업 끝나고 동네를 천천히 걸어 다녔는데 그동안 못 봤던 것들이 눈에 띄더라. 선생님도 그런 것을 찾아보길 바라는 게 아닐까?"

"우리 동네에 혼자 사는 할머니가 계신데 다리가 불편하신지 걸을 때 힘들어 보이시더라. 그 할머니께 지팡이를 선물하는 건 어때?"

새온이가 조심스레 제안했어요. 초은이는 고개를 갸우뚱하며 말했어요.

"어려운 처지에 놓인 사람을 돕는 건 좋은 일이지만 할머니 한 분을 돕는 걸 사회 참여라고 할 수 있을까? 범위가 너무 좁은 것

같아."

그때 홍재가 눈을 반짝이며 말했어요.

"그럼 우리 삼촌 좀 도와주라. 3년째 취직을 못해서 엄마한테 맨날 구박 받아. 나도 처음에는 백수라고 놀렸는데 나중에는 좀 불쌍하더라고. '우리 삼촌 취직시키기 프로젝트', 어때?"

"그게 사회 참여냐? 그리고 우리가 어떻게 너희 삼촌을 취직시키냐? 우리가 할 수 있는 범위 내에서 생각해야지."

갑자기 우진이가 무릎을 탁 쳤어요.

"앗, 방금 엄청 좋은 아이디어가 떠올랐어!"

아이들이 모두 우진이를 바라보았어요.

"관심 분야에서 찾으라고 했잖아. 이번에 새로 나온 스마트폰 게

임이 있는데 업데이트가 제대로 되지 않아서 게임 이용자들이 불편해하고 있어. 게임 회사에 연락해서 제때 업데이트해 달라고 하자. 우리가 돌아가면서 전화하면 게임 회사도 요청을 들어줄 거야."

그러자 우진이를 제외한 아이들이 모두 웃었어요. 새온이가 말했어요.

"어휴, 그게 사회 참여니?"

"왜? 그 게임 하는 사람 엄청 많아. 문제가 해결되면 많은 사람들이 행복해할 테니까 좋은 일이잖아."

홍재는 낄낄거리고 초은이는 한숨을 쉬며 책상에 엎드렸어요. 새온이는 넋 놓고 다른 조 아이들을 바라보았어요. 참다못한 시안이가 외쳤어요.

"도대체 주제는 어떻게 정하는 거야?"

주변을 돌아봐요

하루에도 수많은 뉴스가 쏟아져요. 어느 지역에서는 교통사고가 크게 났고, 어느 지역에서는 홍수가 났대요. 그런가 하면 방치된 쓰레기 때문에 주민들이 골머리를 앓는다는 소식도 들려요.

하지만 내 주변은 늘 조용한 듯 보여요. 그래서 사회 문제는 나와 동떨어진 곳에서 발생하는 일이라고 생각하기 쉬워요. 그러나 주변을 조금만 둘러보면 위험하거나 불편한 문제들을 마주할 수 있어요. 대부분의 사람들은 바쁘다는 이유로, 내 일이 아니라는 이유로 이런 문제를 방치해요. 서로 조금씩 힘을 보태면 충분히 해결할 수 있는데 말이에요.

베네수엘라의 산호세 어린이들은 적극적으로 문제를 해결하기 위해 노력했어요. 1950년대 베네수엘라의 산호세에는 집들이 빼곡했지만, 어린이를 위한 놀이터는 없었어요. 마을 곳곳을 개발하고 있어서 아이들이 쉴 만한 공터조차 없었지요. 하늘에는 전깃줄이 높이 뻗어 있어 연날리기도 할 수 없었어요. 아이들이 할 수 있는 것이라고는 고작 공놀이 정도였어요. 그조차도 비좁은 골목에서 지나다니는 어른들의 눈치를 살펴 가며 해야 했지요.

산호세 어린이들은 마을에 놀이터를 세우기로 결심했어요. 먼저 선생님의 조언에 따라 직접 시장을 찾아가 놀이터를 만들어 달라고 요청했어요. 이 모습을 본 한 기자가 아이들의 사연을 신문에 실었어요.

신문 기사를 본 베네수엘라 국민들은 마을에 아이들을 위한 공간이 없다는 사실에 깜짝 놀라며 관심을 보였어요. 하지만 그것도 잠시, 아이들의 사연은 사람들에게 점점 잊혔어요. 아이들의 바람도 이루어지지 않았지요. 그러나 아이들은 포기하지 않았어요. 고민 끝에 자신들의 힘으로 놀이터를 짓기로 했어요. 가족들과 마을 어른들도 힘을 보탰어요. 마침내 산호세 마을에 놀이터가 생겼지요.

놀이터같이 많은 사람들이 함께 이용하는 공간은 보통 국가에서 세금

을 들여 마련해요. 하지만 산호세의 몇몇 아이들은 직접 놀이터를 세웠어요. 그 덕에 마을에 사는 다른 아이들도 혜택을 누렸지요.

산호세의 어린이들이 처음부터 '사회에 좋은 일을 하겠어!'라고 마음먹고 행동했을까요? 아니에요. 그저 마을에서 친구들과 함께 어울려 놀 공간이 생기길 바라는 마음에서 시작했지요. 이처럼 사회 참여 주제는 우리 주변에서 얼마든지 찾을 수 있어요.

뉴스를 활용해요

사회 곳곳의 문제를 가장 잘 보여 주는 게 뉴스예요. 뉴스를 꾸준히 보면 사회가 어떻게 돌아가는지 보일 거예요. 세상에 무엇이 필요한지도 깨닫고요. 사회가 어떻게 돌아가는지 알면 지금 시대에 꼭 필요한 주제를 찾을 수 있어요. 최근 뉴스에 자주 나오는 플라스틱으로 인한 환경오염 문제나 독도 분쟁 등은 좋은 사회 참여 주제이지요.

그런데 뉴스를 활용할 때 주의할 점이 있어요. 뉴스의 내용이 사실인지 꼼꼼히 살펴봐야 해요. 인터넷이나 SNS에 확실하지 않은 뉴스들이 무수하게 돌아다니기 때문이지요. 심지어 사실이 아닌데 사실인 것처럼 위장한 뉴스들도 있어요. 바로 '가짜 뉴스'예요. 사람들은 자기 편을 늘리거나 특정 대상을 배척하기 위해서 가짜 뉴스를 만들어요. 혹은 단순히 관심을 받기 위해 가짜 뉴스를 진짜 뉴스처럼 조작해서 퍼뜨리기도 한답니다.

그러므로 SNS에 떠도는 뉴스는 반드시 출처를 확인해야 해요. 출처가 정확하지 않으면 가짜 뉴스일 확률이 높답니다.

주제를 정하는 기준

사회 참여의 주제는 관심 있는 분야에서 정하는 것이 좋아요. 그렇지 않으면 금방 흥미를 잃을 수 있거든요.

본격적으로 주제를 정할 때는 우선 주제가 사람들에게 얼마나 영향을 끼칠지 생각해 보세요. 나 말고 다른 사람들도 의식하고 있거나 불편을 겪고 있는 문제라면 사회 참여 주제로 적합해요. 연관된 사람이 많을수록 파급˚력이 크니까요.

사회적 약자를 위한 일도 좋은 주제예요. 세상에는 다른 이의 손길이 필요한 사람들이 많아요. 이들을 돕는 일은 사회 전체의 인권을 신장하는 일이기도 해요.

반면에 주제가 다른 사람에게 피해를 끼칠 가능성이 있다면 다시 고민해 봐야 해요. 이 세상은 수많은 이해관계로 얽혀 있어요. 누군가에게는 유익한 일이 누군가에게는 피해가 될 수 있지요. 그러므로 공익˚을 위한 주제인지 잘 살펴봐야 해요.

가령, '전국 모든 공원에 반려동물을 들여보내자'라는 주제는 어떨까

파급 어떤 일의 영향이 차차 다른 데로 미침.
공익 사회 전체의 이익.

요? 동물을 사랑하고 반려동물을 키우는 사람들에게는 반가운 일이겠지만, 동물을 무서워하거나 싫어하는 사람들에게는 피해가 될 거예요.

  실행할 수 있는 주제인지도 고려해야 해요. 사회 참여는 시간과 노력이 드는 활동이에요. 분야에 따라서는 전문적인 기술도 필요해요. '오염된 바다를 청소하자'라는 주제는 해양 분야 전문가나 관련 장비 없이는 불가능할 거예요. 이처럼 아무리 바람직하고 공익에 부합하는 주제도 자신이 실천할 수 없다면 알맞은 주제라고 할 수 없어요.

  또한 자신의 생활에 무리를 주지 않아야 해요. 자신이 생각한 주제가 학교를 그만두거나 숙제를 내팽개쳐야 하는 수준의 것이라면 하지 말아야 해요. 무리한 주제를 선택하면 갈수록 부담을 느껴 제대로 활동할 수 없어요.

주제를 정했다면 주변에서 후원자를 찾아보세요. 멀리 이동해야 하거나 물품을 살 돈이 필요하거나, 기관에 서류나 자료를 요청할 때 어른의 힘이 필요할 수 있어요. 선생님이나 부모님, 믿을 만한 어른에게 후원자가 되어 달라고 부탁해 보세요. 여러분의 뜻에 공감하는 어른이라면 두 팔 걷고 도와줄 거예요.

| 한 걸음 더

사소한 불편에서 시작한 사회 참여

우리는 종종 박물관에 가요. 박물관에는 수많은 전시품이 있어서 관람하는 데 시간이 오래 걸려요. 그 때문에 박물관 안에서 도시락이나 간식을 먹으며 끼니를 해결하기도 하지요.

지금이야 이런 모습이 당연하지만, 2012년 이전까지만 해도 국립중앙박물관에는 도시락을 먹을 마땅한 공간이 없었어요. 지금처럼 도시락을 먹을 수 있는 공간이 생긴 것은 서울 수송 초등학교 6학년 8반 어린이 6명 덕분이랍니다.

아이들은 국립중앙박물관에 갔다가 불편한 경험을 했어요. 바깥 계단이나 벤치에 앉아 바람을 맞으며 도시락을 먹어야 했지요. 박물관 안에서는 외부 음식을 먹을 수 없다는 규칙 때문이었어요.

박물관에 견학을 오는 대부분의 학생들은 점심에 먹을 도시락이나 간식을 챙겨와요. 그러나 비가 와도, 날씨가 추워도, 황사 바람이 불어도 박물관 안에서 도시락을 먹을 수 없었어요. 박물관 안에서 음식을 먹으려면 값비싼 구내식당을 이용해야 했지요.

서울 수송 초등학교 6학년 8반 어린이들은 '솔루션'이라는 모임을 만들고 이 문제를 해결하기 위해 나섰어요. 박물관을 방문해 실태를 조사하고 박물관 측에 도시락을 먹을 만한 공간을 마련해 달라고 편지를 보냈어요.

국립중앙박물관 측은 이 요청을 거절했어요. 솔루션 어린이들은 실내에 도시락 먹을 공간이 있는 다른 박물관 사례를 제시하며 다시 청원서를 보냈어요. 언론에도 이 사실을 알렸지요. 그러자 언론에서 솔루션 어린이들의 활동에 대한 기사를 비중 있게 다뤄 주었어요. 결국 국립중앙박물관 관계자도 한시적으로 도시락 먹을 공간을 마련하겠다고 답했지요.

그 뒤로 국립중앙박물관을 찾는 학생들은 실내에서 편안하게 도시락을 먹을 수 있게 되었어요. 생활 속에서 겪은 불편을 그냥 지나치지 않고 해결하기 위해 노력한 어린이들 덕분에 말이에요.

사회 참여,
방법은 다양해요

두근두근, 우리 조의 주제는?

"자, 다들 주제는 정했죠? 1조부터 발표해 볼까요?"

선생님의 말에 교실에는 긴장감이 돌았어요. 1조 조장이 교탁 앞으로 나와 섰어요.

"저희는 '바른 말 쓰기'를 주제로 정했습니다. 요즘 우리는 비속어나 줄임말을 지나치게 많이 씁니다. 장난으로 쓴 비속어 때문에 본의 아니게 친구가 상처 입는 경우도 있습니다. 저희 조는 우리 반 아이들이 비속어와 줄임말 사용을 줄이고 바른 말을 쓸 수 있도록 이끌 계획입니다. 더 나아가 우리 학년 학생들도 바른 말을 사용하도록 선도하고자 합니다."

"선생님도 여러분이 비속어를 자주 쓰는 게 마음에 걸렸는데, 좋은 주제를 정했군요. 수고한 1조에게 박수!"

아이들은 선생님을 따라 박수를 쳤어요. 1조 조장이 꾸벅 인사를 하고 자리로 들어갔어요.

이번에는 2조 조장이 교탁 앞에 섰어요.

"저희 2조는 어린이 도서관 세우기를 주제로 정했습니다. 여러분도 아다시피 우리 학교 학생들은 학교 근처에 있는 시립 도서관을 자주 이용합니다. 그런데 그곳 어린이실은 학생들이 이용하기에 불편한 점이 많습니다. 책장이 너무 높아서 맨 위 칸에 꽂힌 책을 꺼내기 힘들고, 책상과 의자도 어린이 몸에 맞지 않습니다. 마루에 있는 유아용 의자와 책상은 너무 작고요. 그래서 저희는 '초등학생을 위한 어린이 도서관을 새로 짓자'를 주제로 정했습니다."

"음, 주제를 정할 때는 현실적으로 생각해 봐야 해요. 도서관에

아예 어린이실이 없다면 어린이 도서관을 새로 짓는 것도 한 방법이겠지만, 2조의 발표 내용을 보니 그보다는 도서관 시설의 불편함을 개선하고 싶은 것 같네요."

2조 조장이 우물쭈물하자 선생님이 이어서 말했어요.

"불편해도 그냥 지나치기 쉬운 부분을 2조에서 예리하게 짚었어요. 새로운 어린이 도서관을 짓는 것보다 시립 도서관 어린이실의 시설을 어린이에게 맞도록 개선하는 것으로 주제를 바꾸면 어떨까요?"

"아, 네!"

2조 조장이 만족한 듯 활짝 웃으며 자리로 돌아갔어요. 아이들이 박수를 보냈어요.

3조 조장이 교탁 앞에 섰어요.

"안녕하십니까. 저희 조는 우리 동네 문화재 지킴이가 되고자 합니다. 우리 동네 근처에는 사찰이 있습니다. 어엿한 문화재지만 관리가 소홀해서 문화재로서 가치를 잃어 가고 있습니다. 사찰 주변에 쓰레기가 널려 있고, 울타리도 부서져 있습니다. 그래서 저희는 우리 고장 문화재의 소중함을 알리고, 문화재를 잘 보존할 수 있는 방법을 찾고자 합니다."

"좋아요! 선생님도 그곳에 갈 때마다 안타까웠어요. 이번 기회에 3조가 우리 고장의 문화재가 얼마나 소중한지 많은 친구들에게 알

려 주길 바랄게요. 다음 4조!"

시안이는 떨리는 마음으로 일어났어요. 초은이와 홍재가 속삭이며 응원했어요.

"힘내! 잘할 수 있어!"

시안이가 발표를 시작했어요.

"저희는 학교 정문 횡단보도에 신호등 세우기를 주제로 정했습니다. 저희 학교 앞 사거리에는 총 4개의 횡단보도가 있는데, 신호등이 하나도 없습니다. 도로 폭이 좁아서 횡단보도가 짧긴 하지만, 차가 많이 지나다녀 언제 사고가 날지 모릅니다. 지난달에는 실제로 이곳에서 교통사고가 나기도 했습니다. 저도 무심코 건너다가 사고를 당할 뻔한 적이 있었고요. 그래서 아이들이 안전하게 오갈

수 있도록 신호등을 세워야 한다고 생각합니다."

선생님이 시안이에게 물었어요.

"녹색어머니회 어머니들이 횡단보도 안내를 하지 않나요?"

"아침에는 녹색어머니회 어머니들께서 길을 안내해 주시지만, 하굣길에는 계시지 않습니다."

"그렇군요, 포부가 느껴지는 주제예요. 선생님도 신호등이 세워지길 응원할게요."

커다란 박수 소리가 교실을 메웠어요. 시안이는 쑥스러우면서도 가슴이 벅찼어요.

선생님이 교탁에 섰어요.

"여러분 모두 애썼어요. 다들 고민을 많이 한 것 같네요."

"선생님, 주제는 정했는데, 이제 뭘 어떻게 해야 하나요?"

초은이가 고개를 갸우뚱하며 말했어요. 선생님이 미소 지었어요.

"여러분이 정한 주제를 실행할 방법을 찾아야지요. 가령 주변의 이웃을 돕고자 한다면 자원봉사나 후원을, 여러 사람의 지지를 이끌어 내고자 한다면 청원이나 서명 운동, 캠페인 등을 벌일 수 있어요. 주변의 이목을 단번에 끌고 싶다면 시위를 할 수도 있겠지요? 그럼 사회 참여를 실행하는 다양한 방법들을 알아볼까요?"

선거와 투표

선거와 투표는 민주주의 사회에서 매우 중요한 사회 참여 방법이에요. 내가 어떤 사람, 어떤 정당을 선택하느냐에 따라 우리 사회가 완전히 달라질 수 있기 때문이지요.

어떤 집단이든 그 집단을 이끌어 갈 대표자가 필요해요. 학급에는 회장, 시에는 시장, 나라에는 대통령이 있듯이 말이지요. 선거는 이러한 대표자를 정해진 절차에 따라 선출하는 과정이에요.

투표는 표로써 자신의 의사를 밝히는 거예요. 대표자를 뽑을 때, 어떤 사안에 대해서 찬성이나 반대 의견을 물을 때, 여러 의견 중에서 하나를 고를 때 투표를 하지요.

만 19세 이상인 대한민국 국민이라면 누구나 대통령을 뽑는 선거에 참여하여 투표할 수 있어요. 이때 어떤 사람을 뽑느냐에 따라 우리의 삶이 달라진답니다.

우루과이에서는 실제로 선거를 통해 국민들의 삶이 달라졌어요. 2010년에 우루과이의 대통령으로 당선된 호세 무히카는 우루과이 국민을 위해 헌신했어요. 월급의 90%를 기부하고 대통령 궁을 노숙자에게 내주고 자신은 허름한 집에서 살았지요. 또 교육을 위해 학생들에게 컴

퓨터를 공짜로 나눠 주고, 일하는 시간을 줄이고, 휴식 시간을 늘렸어요. 그 결과, 우루과이는 4%의 경제 성장률을 기록했어요. 2013년에는 OECD가 조사한 국가 투명성 지수에서 174개국 중 19위를 차지했지요. 2015년, 퇴임할 때도 무히카 대통령의 지지율은 65%에 이를 정도로 높았어요.

높은 투표율은 민주주의가 잘 정착한 사회라는 증거예요. 그만큼 많은 시민이 사회 운영에 관심을 갖고 참여한다는 뜻이니까요. 그러나 투표를 했다고 사회 참여의 역할을 다 한 것은 아니에요. 대리자들이 권력을 올바르게 쓰는지 관심을 갖는 것도 시민의 몫이랍니다.

대통령 궁 대신 허름한 집에서 생활했던 호세 무히카 전 우루과이 대통령.

우리나라의 선거 제도

선거는 어떤 대표를 뽑느냐에 따라 나뉘어요. 우리나라에는 크게 대통령 선거와 국회 의원 선거, 지방 선거가 있어요.

대통령 선거는 국가의 최고 지도자인 대통령을 뽑는 선거로, 5년에 한 번씩 열려요. 한 사람이 한 번만 대통령을 할 수 있는데, 이것을 '단임제'라고 해요. 우리나라의 대통령 선거는 '5년 단임제'예요. 미국은 '4년 연임제'로, 4년에 한 번 선거가 있고, 한 사람이 대통령을 두 번 연이어 할 수 있지요.

국회 의원 선거는 4년마다 치러요. 국회 의원 선거 때는 두 가지를 결정해요. 하나는 자신이 속한 지역의 국회 의원을 뽑는 것이고, 또 하나는 지지하는 정당을 선택하는 거예요. 지지받은 비율만큼 그 정당에 속한 사람이 국회 의원으로 선출되는데, 이를 '비례 대표제'라고 불러요.

지방 선거는 시나 도의 대표자를 뽑는 선거예요. 도지사나 시장, 군수와 구청장, 시·군 의회 의원들을 선출해요. 이 선거는 해당 지역에 속한 주민들만 선거권을 행사할 수 있어요. 지방 선거도 4년에 한 번 열려요.

자원봉사

자원봉사는 대가를 받지 않고 처지가 어려운 사람이나 공동체를 위해 이로운 일을 하는 거예요.

흔히 자원봉사를 다른 사람을 '돕는' 일이라고 생각해요. 하지만 자원봉사의 핵심 가치는 '함께하는 것'이에요. 자원봉사로 도움을 받는 사람들은 정신적, 물질적으로 힘을 얻고, 자원봉사를 하는 사람들은 자신이 사회에 필요한 존재임을 깨닫고 보람을 느끼지요. 그런 점에서 나와 상대 모두에게 도움이 되는 활동이에요.

세상에는 도움이 필요한 '사회적 약자'가 많아요. 이들은 혼자만의 힘으로 사회에 적응하기가 무척 어려워요. 자원봉사는 그런 사회적 약자를 지원하고, 도움이 필요한 사람에게 자신이 가진 것을 나누는 일이에요. 홀로 사는 노인에게 무료로 도시락을 제공하는 일, 한글을 잘 몰라 어려움을 겪는 이주민 노동자에게 보수를 받지 않고 한글을 가르쳐 주는 일 등이 자원봉사에 해당하지요.

자원봉사로 사회 구성원 간의 결속력을 다질 수 있어요. 2007년 11월, 충청남도의 태안반도를 지나던 유조선*이 해상 크레인과 부딪혔어요. 이 사고로 배 안에 있던 시커먼 기름이 해안가까지 둥둥 떠밀려 와 수많은 어부들이 피해를 입었어요.

소식을 접한 시민들은 하나둘 태안으로 가서 너 나 할 것 없이 작업복을 입고 해안에 떠 있는 기름을 치웠어요. 약 123만 명의 자원봉사자가 기름 제거 작업에 동참한 덕분에 해양 생태계가 빠르게 복원될 수 있었지요. 어업으로 먹고살던 태안 주민들은 생계를 잃어 막막했지만 수많은 자원봉사자들을 보며 힘을 냈어요. 자원봉사자들은 이 활동을 통해 자연의 소중함을 더욱 깊이 깨달았지요. 또한 자원봉사자와 지역 주민 간에 두터운 신뢰와 공동체 의식이 싹텄어요.

기증과 기부도 자원봉사에 속해요. 기증은 자신이 가진 것을 대가를 받지 않고 누군가에게 주는 거예요. 가치 있는 문화재를 대가 없이 박물

유조선 석유, 가솔린 등을 담아 운반하는 배.

관에 맡기는 것이 대표적이에요. 각막이나 장기, 세포를 필요한 사람에게 제공하는 장기 기증과 헌혈 등도 이에 속하지요.

기부는 자선 사업이나 공공사업을 돕고자 자신의 재산을 대가 없이 내놓는 거예요. 가정 형편이 어려운 학생들을 돕기 위해 대학에 돈을 내놓거나 해외의 굶주린 어린이들을 돕고자 정기적으로 돈을 보내는 일 등이 여기에 해당해요.

후원과 크라우드 펀딩

후원을 한자 그대로 풀이하면 '뒤에서 도와준다'는 뜻이에요. 주로 재정을 지원할 때 쓰이지요. 그런 점에서 기부와 비슷해요. NGO 단체*를 통해 '정기 후원'이라는 용어를 접해 본 적이 있을 거예요. 정기 후원은 해당 단체를 통해 정기적으로 어려운 사람을 후원하는 일이지요.

그런데 기술이 발달하면서 새로운 후원 방식이 나타났어요. '크라우드 펀딩(Crowd funding)'으로, '군중(Crowd)'과 '자금 지원(funding)'을 뜻하는 영어 단어를 합친 말이에요. 크라우드 펀딩은 인터넷으로 대중에게서 자금을 모으는 방식이에요. SNS에서 활발히 이루어지기 때문에 '소셜 펀딩(Social funding)'이라고도 불러요. 크라우드 펀딩은 사회 참여가 아닌 개인적인 목적으로 쓰이기도 해요.

후원을 목적으로 하는 크라우드 펀딩은 주로 문화·예술 분야에서 두드러져요. 위안부의 삶을 다룬 영화 〈귀향〉은 크라우드 펀딩을 통해 탄생했어요.

〈귀향〉은 사회적으로 큰 의미가 있는 영화지만, 주제가 무거워서 투자자를 찾기가 어려웠어요. 〈귀향〉 제작자들은 부족한 제작비를 마련하기 위해 영화의 제작 취지를 알리며 시민들을 대상으로 크라우드 펀딩을 했어요. 반응은 매우 뜨거웠어요. 약 7만 명이 참여했고, 모금액은 12억 원가량 됐어요. 제작비의 반을 차지하는 액수였지요. 영화 제작자들은 고마움을 표시하기 위해 영화의 엔딩 크레딧*에 후원자들의 이름을 넣었어요.

크라우드 펀딩 투자자는 제작에 직접 참여하지는 않지만 문화·예술의

NGO 단체 국가의 개입이나 어떠한 이득 없이 자발적으로 모인 사람들이 운영하는 시민 단체. 주로 구호 활동을 함.
엔딩 크레딧 영화가 끝나고 영화 제작에 참여한 사람들의 이름이 나오는 것.

다양성을 키우는 데 도움을 주는 방식으로 사회 참여를 실천해요.

시민 단체

시민 단체는 더 나은 사회를 만들기 위해 시민들이 자발적으로 만든 집단이에요. 시민의 권리를 지키는 것이 목표이기 때문에 일반 회사처럼 사적인 이익을 추구하지 않아요. 이를 '비영리'라고 해요. 또한 정부의 도움도 받지 않아요. 정부의 도움을 받으면 시민의 권리에 반하는 정부의 정책을 자유롭게 비판하지 못할 수 있기 때문이지요.

시민 단체는 다양한 활동을 해요. 정치와 관련해서는 선거가 공정하게 치러지는지, 정치인들이 부정부패를 저지르지 않는지, 시민을 위한 정치를 하는지 감시해요. 정치에 대한 시민 의식을 일깨우는 역할도 하지요. 우리나라에는 참여 연대, 시민 사회 단체 연대 회의 등이 있어요.

경제와 관련한 시민 단체는 바람직한 소비 문화를 이룩하기 위해 노력해요. 국회가 예산을 제대로 쓰는지 지켜보고, 시민을 위한 법안을 마련하기 위해 힘쓰지요. 경실련(경제 정의 실천 연합), 한국 소비자 생활 연구원, 녹색 소비자 연대 등이 여기에 속해요.

자연환경을 지키기 위해 애쓰는 단체도 있어요. 기업에서 폐수를 몰래 버리지 않는지 감시하고, 환경을 해치는 정책을 저지하기 위해 노력하지요. 녹색 연합, 환경 운동 연합 등이 이런 일을 해요.

사회적 약자의 권리를 회복하고, 사회 곳곳의 어려운 사람을 돕기 위해 결성된 단체들도 있어요. 장기 기증의 필요성을 알리는 사랑의 장기 기증 운동 본부, 장애인의 권익을 위해 싸우는 장애우 권익 문제 연구소 등이 이에 해당해요.

국제적인 활동을 하는 시민 단체도 있어요. 정대협(한국 정신대 문제 대책 협의회)은 일본군 '위안부' 문제를 세계에 알리고 일본에게 정당한 사과를 받아 내기 위해 활동해요. 사이버 외교 사절단 반크는 우리 땅 독도를 지키기 위해 다양한 활동을 펼치지요.

 ## 함께 지켜요, 평화의 소녀상

평화의 소녀상은 일본군 '위안부' 피해자들을 기리고 역사를 바로잡자는 뜻에서 세운 동상이에요. 2011년 정대협은 주대한민국 일본국 대사관 앞에 처음 이 동상을 세웠어요. 이후 시민들의 후원으로 전국 곳곳에 평화의 소녀상이 세워졌지요.

일본은 2015년 한국과 일본군 '위안부' 협상을 하며 합의금을 주는 조건으로 평화의 소녀상을 철거하라고 했어요. 일본군 '위안부' 피해 할머니들이 바라는 진심 어린 사과는 없었지요.

시민들은 일본의 처사에 크게 분노해 평화의 소녀상을 지켰어요. 대학생들은 비를 맞으면서도 밤새도록 평화의 소녀상 곁을 떠나지 않았지요. 더 나아가 평화의 소녀상이 가진 의미를 세계에 알리기 위해 해외에도 평화의 소녀상을 설치했지요. 그 결과 전 세계 30여 곳에 평화의 소녀상이 세워졌어요.

지금도 평화의 소녀상을 세우기 위해 수많은 시민들이 적극적인 활동을 벌이고 있답니다.

집회와 시위

집회란 여러 사람이 같은 목적을 가지고 한곳에 모여 서로 의견을 주고받는 거예요. 시위는 공통된 주장을 공개적으로 알리는 행위이지요. 주의를 끌기 위해 도로나 길 한복판, 공원이나 광장에서 주로 해요. 시위 참가자들은 거리를 행진하며 자신들의 주장과 생각을 담은 구호를 한목소리로 외치기도 한답니다.

지난 2016년 대통령 탄핵을 촉구하며 일어난 촛불 집회 현장.

전문가들은 시위를 '이동하는 집회'로 정의해요. 집회에 시위가 포함되는 셈이에요. 집회와 시위는 법으로 보장된 국민의 권리예요. 우리나라 헌법 제21조 1항에 "모든 국민은 언론 출판의 자유와 집회 결사의 자유를 가진다"고 나와 있어요.

때로는 집회와 시위가 사적인 이익을 위해 쓰이기도 해요. 예를 들어 아이돌 가수의 팬들이 콘서트를 더 열어 달라거나, 소비자가 품질이 떨어지는 물건을 교환해 달라고 시위를 해요. 이렇게 개인이나 일부 단체가 사적인 이익을 챙기려고 시위를 벌이는 것은 사회 참여가 아니에요.

한 사람의 힘, 1인 시위

1인 시위는 말 그대로 한 사람이 벌이는 시위예요. 한 사람이 일정 기간 동안 시위를 벌이거나, 어떤 집단에서 한 명씩 교대로 시위를 이어 가요.
우리나라에서 처음 1인 시위를 시도한 것은 2000년이에요. 시민 단체인 참여 연대는 한 재벌 기업이 상속을 하는 과정에서 법을 어겼다고 국세청에 제보했어요. 그러나 국세청이 이를 제대로 조사하지 않자, 과세를 촉구하기 위해 국세청 앞에서 시위를 벌이기로 했지요. 그러나 집시법에 입법 기관 주변 100미터 내에서 시위를 할 수 없도록 규정하고 있어 시위를 벌일 수 없었어요. 참여 연대는 여론을 형성하기 위해 시위가 꼭 필요하다고 판단했어요. 고민 끝에 1인 시위를 벌이기로 했어요. 우리나라 집시법은 시위의 조건을 '여러 사람'으로 정의하기 때문에 한 명이 시위하는 것은 법을 저촉하지 않지요.
이후 1인 시위는 의견을 강력하게 전달하는 수단으로 자리잡았어요. 해당 기관 근처에서 적극적으로 의사를 표현할 수 있고, 비용도 크게 들지 않아서 특히 작은 단체나 개인의 시위 방식으로 유용하게 쓰이고 있지요.

사회 참여는 '공공의 이익'을 목적으로 하기 때문이지요.

집회와 시위는 파급력이 굉장히 커요. 여론을 형성하기 때문이에요. 여론은 사회적 쟁점*에 관한 사회 구성원의 공통된 의견으로, 여론이 커질수록 시위의 목적을 이룰 확률도 커져요. 집회와 시위는 워낙 영향력이 강해서 이를 규제하는 법률이 있어요. 바로 '집회 및 시위에 관한 법률(집시법)'이랍니다.

> **집시법의 이모저모**
>
> 집시법은 집회와 시위의 권리를 보장하고 집회와 시위에 참여하는 국민을 보호하기 위해 만들어졌어요. 국민의 권리를 제대로 보장하기 위해 지금도 수정, 보완되고 있지요.
> 집시법에는 여러 규정이 있어요. 우선 밖에서 하는 집회(옥외 집회)는 해가 떠 있는 동안에만 하는 것이 원칙이에요. 특별한 경우가 아니면 해 뜨기 전이나 해가 진 뒤에는 집회와 시위를 하면 안 돼요. 또한 시위나 옥외 집회 48시간 전에 경찰에 미리 알려야 하지요.
> 시위 장소를 제한하기도 해요. 대통령 관저, 국회 의사당, 헌법 재판소, 외교 기관 주변 100미터 안에서는 시위를 할 수 없어요.

불매 운동과 서명

불매 운동은 어떤 회사나 나라에 저항하기 위해 그 회사나 나라의 상품을 사지 않는 운동이에요. 제조 회사에서 비리를 저질렀거나, 어떤 나라에 대한 반감을 표출하기 위해 벌여요.

불매 운동을 하면 해당 회사에 타격을 줄 수 있어요. 실제 매출 하락으로 이어지니까요. 또한 해당 기업이 부정한 짓을 저지른 사실을 널리 알려 기업의 이미지에 영향을 미칠 수 있어요. 불매 운동은 시위나 집회

쟁점 서로 다투는 중심이 되는 점.

처럼 단번에 눈에 띄지는 않지만 사회적인 영향력이 꽤 커요.

그런데 간혹 의도하지 않은 쪽에 피해를 주기도 해요. 가령 A 장난감 회사의 대표가 비리를 저질러서 불매 운동을 벌였는데 이로 인해 A 장난감 회사의 장난감을 파는 상인들까지 타격을 입어요. 이 때문에 불매 운동을 할 때는 신중하게 결정해야 해요.

서명 운동은 사회 문제를 해결하기 위해 서명을 받는 운동이에요. 부당한 법을 바꾸거나 사회 쟁점에 대해 찬성 또는 반대 의견을 강력하게 주장할 때 이에 동의하는 사람들의 이름, 주소, 서명 등을 받아 관련 기관에 제출해요. 하지만 서명 운동은 법적 구속력이 없어요. 지방 자치 단체장을 해임하는 '주민 소환제'에 서명하는 것을 제외하면 참고 자료로 쓰일 뿐이지요. 그러나 많은 사람들이 같은 뜻을 가지고 있음을 효과적으로 보여 주는 수단이랍니다.

캠페인

캠페인은 여론을 형성하기 위해 지속적으로 벌이는 사회 운동이에요. 텔레비전, 신문 등의 매체나 SNS를 통해 특정 메시지를 대중에게 전하지요. 성공적인 캠페인은 사람들의 뜻을 하나로 모으고 사회 분위기를 긍정적으로 이끌어요.

2014년에 일어난 '아이스 버킷 챌린지'도 그런 역할을 한 캠페인이에요. 아이스 버킷 챌린지 참가자는 얼음물을 뒤집어쓰는 영상을 찍어

SNS에 공유하거나 루게릭병 환자를 위해 100달러를 기부한 뒤, 다음에 참여할 3명을 지목해요. 지목 당한 사람들도 똑같은 방식으로 캠페인을 이어 나가지요. 이 캠페인은 루게릭병 환자들의 아픔을 공감하고 그들의 치료비를 모금하고자 2014년 미국에서 시작되었어요. 루게릭병은 온몸의 근육이 수축되는 병으로, 시간이 지날수록 고통이 극심해지고 치료를 받는 데 막대한 비용이 들어요.

이 캠페인에서 얼음물을 뒤집어쓰는 이유가 바로 루게릭병 환자들의 고통에 공감하기 위해서인데, 근육이 수축될 때의 고통이 얼음물을 뒤집어쓸 때의 그것과 비슷하기 때문이에요.

이 캠페인은 SNS를 통해 전 세계로 퍼져 나갔어요. 우리나라에서도 가수, 배우, 개그맨, 국회 의원, 일반인 등 수많은 사람들이 참여했어요.

당시 우리나라의 한 기부 재단에서는 아이스 버킷 챌린지로 7억 원을 모금했어요. 미국 루게릭병 협회는 8주 만에 우리 돈으로 약 1305억 원을 모았지요. 2016년, 협회는 이 기부금을 연구에 투자하여 루게릭병을 일으키는 유전자 중 일부를 발견했다고 발표했답니다.

고발과 제보

고발과 제보도 사회 참여의 한 방법이에요. 어떤 사회 문제는 밖으로 드러나지 않고 숨어 있어요. 횡령*이나 비리와 같은 범죄는 관계자가 아니고서는 알기 어렵지요. 들키지 않는 한 범죄 행각이 계속될 확률도 매우 높아요. 이때 고발과 제보가 중요해요. 누군가의 신고로 목숨을 구한 사람들, 억울함을 푼 사람의 사연이 지금도 끊이지 않고 뉴스에 나와요.

2013년 미국 국가 안보국에서 일하던 에드워드 스노든은 안보국이 전 세계 사람들의 인터넷 사용 내역과 통화 기록 등의 사생활 정보를 무단으로 열람하고 수집했다는 사실을 폭로했어요. 그뿐만 아니라 각국 정상들의 통화 내역을 도청한 일도 밝혔지요.

이 사건은 세계를 발칵 뒤집어 놓았어요. 스노든은 다른 나라로 망명

횡령 조직이 공동으로 소유한 공금이나 남의 재물을 불법으로 차지하여 가짐.

해야 했지요. 스노든이 사실을 밝히지 않았다면 지금도 사람들은 자신의 정보가 유출되는 줄 모를 거예요. 이를 계기로 사람들은 경각심을 갖고 정보를 잘 보호해야 한다는 사실을 깨달았어요.

 스노든은 영국 언론사 가디언지에 이 사건을 제보했어요. 이처럼 고발을 할 때 언론사를 통하면 효과가 커요. 언론사에서 생산하는 뉴스는 불특정 다수에게 순식간에 전파되니까요. 또 관련 시민 단체나 기관에 제보할 수도 있어요. 불량 제품은 소비자 보호원에, 학대받는 사람에 관한 내용은 인권 단체에 신고해요.

 그런데 고발이나 제보를 해서 오히려 피해를 입는 일도 생겨요. 고발

당한 회사나 기관이 제보자에게 부당한 징계를 내리거나 해고를 하는 등 보복을 가하기 때문이에요.

사회 정의를 위한 제보나 고발이 활발해지려면 제보자 개인의 용기에만 기대서는 안 돼요. 제보자의 안전을 지키고 가해자를 확실히 처벌하는 근본적인 대책을 마련해야 하지요.

청원

청원은 법률에 관한 개정과 폐지 등에 관한 요구 사항을 국회, 관공서, 지방 의회 등의 국가 기관에 청구하는 일이에요. 어떤 법 때문에 중대한 사회 문제를 해결할 수 없을 때 그 법을 바꾸거나 폐지하도록 요구하지요. 청원은 국민의 기본권에 속해요.

2017년 우리나라의 새 정부는 청와대 홈페이지에 '국민 청원' 게시판을 만들고, '30일 동안 20만 명 이상의 국민이 추천한 청원은 정부와 청와대 관계자가 답하겠다'고 발표했어요. 그러자 많은 시민들이 청원에 동참했지요.

정부가 첫 번째로 답변한 청원은 '소년법 폐지'에 관한 것이었어요. 2017년에 여중생을 가혹하게 폭행한 가해자들이 청소년 보호법 때문에 솜방망이 처벌을 받자 올라온 청원이었지요. 한 달 동안 약 30만 명이 이 청원을 지지했어요.

청원은 시민들의 지지를 많이 받을수록 이뤄질 가능성이 높아요. 정

부는 국민의 뜻에 따라 나라를 운영해야 하니까요.

그런데 청원을 할 때도 신중해야 해요. 사회 문제 중에는 시간을 두고 차분히 논의해야 할 것들이 있는데, 이런 문제들마저 청원을 통해 급하게 해결하려고 하면 오히려 사회가 혼란스러질 수 있어요. 시대의 흐름에 휩쓸려 판단이 흐려질 수도 있고 청원이 남발될 수도 있지요.

그러나 청원은 정부가 국민의 의견에 귀 기울이고 실제로 그 문제를 해결하기 위해 노력한다는 점을 보여 주기에 의미가 있고 꼭 필요한 제도랍니다.

> 한 걸음 더

일상 속 작은 실천

사회 참여에서 가장 중요한 것은 함께하는 거예요. 팻말이나 깃발을 들지 않고 일상에서도 얼마든지 함께할 수 있답니다.

의미 있는 물품 구매하기

몇몇 시민 단체에서는 기념품을 만들어서 판매하고, 그 수익금으로 사회 참여 활동을 해요. 일본군 '위안부' 피해자(할머니) 후원 단체에서는 작은 소녀상이나 팔찌를, 동물 보호 단체에서는 멸종 위기 동물을 후원하는 동물 그림책 또는 배지를 팔지요. 세월호 참사 때는 거리에서 노란 리본을 무료로 나누어 주며 진실 규명에 대한 관심을 호소하기도 했어요.

이런 물품을 구입하거나 가지고 다니는 것은 두 가지 의미가 있어요. 먼저 주위에 사회 문제를 홍보할 수 있다는 거예요. 물건 자체가 사회 문제를 상징하기 때문에 가지고 다니는 것만으로 주변 사람에게 관련한 사회 문제를 상기시킬 수 있지요.

또 물품을 구매함으로써 해당 시민 단체를 후원할 수 있어요. 시민 단체는 물품을 판매해 얻은 수익금으로 여러 활동을 벌여요. 일반 기업처럼 영리를 추구하지 않기 때문에 수익금은 시민 단체가 지속적으로 사회 참여를 하도록 만드는 원동력이 되지요.

SNS 활용하기

SNS는 많은 사람들과 의사소통할 수 있는 사이버 매개체예요. 불특정 다수에게 메시지를 전파할 수 있어 홍보 효과가 크지요.

자신이 지지하는 캠페인 문구나 사진을 SNS 프로필에 올리거나 관련 기사와 성명서 등을 공유해요. 이렇게 지지와 찬성의 뜻을 밝혀 간접적으로 동참하는 것도 사회 참여의 한 방법이랍니다.

의견을 조율하고 토론해요

내 의견이 맞아!

"자, 이번 시간에는 구체적인 활동 계획을 세울 거예요. 앞서 여러 가지 실행 방법들을 배웠지요? 그중 어떤 방법을 선택할지 조원들과 논의해 보세요."

선생님의 말이 끝나자, 먼저 주제를 제안한 시안이가 조원들에게 물었어요.

"어떤 활동들을 하면 좋을까?"

초은이가 말했어요.

"우리 목표는 시청에 우리 의견을 전달해서 학교 앞 횡단보도에 신호등을 세우는 거야. 그러니까 신호등이 필요한 이유를 잘 정리해야 해. 또 신호등의 필요성을 느끼는 사람들이 많다는 점을 알려야 하니까 학생들이랑 선생님, 주변 어른들의 동의도 이끌어 내야지."

"역시 모범생은 다르네. 그럼 횡단보도를 이용하는 사람들에게 서명을 받는 건 어때? 서명을 많이 받을수록 우리 주장에 힘이 실릴 거야."

시안이의 말에 규호가 손사래를 쳤어요.

"뭐? 모르는 사람들한테 서명을 받자고? 가서 뭐라고 말해? 어우, 난 자신 없어."

"그러면 넌 뭘 하고 싶은데?"

초은이가 못마땅하다는 표정으로 물었어요.

"딱히 하고 싶은 건 없는데……. 그냥 초은이 네가 다 하면 어때? 너는 뭐든지 잘하잖아."

"무슨 소리야? 다 같이 해야지."

초은이가 규호를 노려보는 사이, 홍재가 입을 열었어요.

"야, 서명 받아서 언제 신호등을 세우냐? 그러지 말고 시청 앞에서 손 팻말 들고 교대로 1인 시위하자. 그럼 사람들이 주목할 거고, 기자들도 우리를 취재하러 올 거야."

"오! 시위 좋지. 내가 팻말을 만들게."

우진이가 홍재의 의견을 거들었어요. 시안이는 어이가 없다는 표정으로 말했어요.

"야, 무슨 횡단보도에 신호등 설치해 달라고 시위를 하냐? 그리고 기자들이 그런 일에 취재를 하러 온다고? 그게 말이 되냐?"

"어시안, 너 말이 좀 지나치다? 네가 의견을 말해 보라며. 그래서 얘기한 거잖아. 네가 주제를 냈다고 잘난 척하는 거냐?"

홍재가 받아치자 시안이가 얼굴을 붉혔어요.

"그럼 너도 제대로 된 주제를 내지 그랬어? 주제 정할 때는 엉뚱한 말만 하더니. 제발 생각 좀 하고 말해."

"뭐? 너 말 다 했어?"

홍재와 시안이가 서로를 노려보며 으르렁거렸어요. 새온이를 비롯한 친구들은 어쩔 줄 몰라 했어요.

"얘들아, 싸우지 마. 우리 차분하게 이야기해 보자, 응?"

새온이가 말렸지만 소용이 없었어요. 그때 선생님이 4조 앞에 왔어요.

"포부가 큰 4조! 선생님이 무척 기대하고 있는 거 알죠?"

아무도 선생님에게 대꾸하지 못했어요. 서로 고개를 돌리고 다른 곳만 쳐다보았지요.

"흠, 4조 분위기가 이상한데. 새온아, 무슨 일 있니?"

"저, 그게……."

"선생님! 어시안이 저한테 생각 좀 하고 말하래요. 저는 충분히 생각하고 말했거든요."

"쳇, 저번부터 계속 엉뚱한 얘기만 늘어 놓고서는. 너 때문에 다들 어이없었거든."

"선생님, 규호는……."

4조 아이들은 저마다 선생님에게 하소연했어요.

그때 다른 조에서도 큰 소리가 났어요.

"내 말이 맞다고!"

"야, 화낸다고 되는 게 아니잖아."

"아, 몰라, 몰라. 너희끼리 알아서 해."

선생님은 고개를 절레절레 흔들고 말했어요.

"그만! 여러분, 사회 참여는 함께 사회를 바꿔 나가는 과정이에요. 그런데 이렇게 자기 생각만 고집하고 남을 배려하지 않으면 되겠어요?"

선생님의 말에 아이들이 금세 조용해졌어요. 선생님이 교탁 앞으로 돌아와 말했어요.

"여러분, 회의를 하다 보면 의견이 맞지 않을 때가 있어요. 그럴 때는 지혜롭게 해결해 나가야 해요. 이번 시간에는 의견을 나눌 때 어떤 태도를 가져야 하는지 알아봐야겠네요."

시안이와 홍재는 여전히 서로를 흘겨보며 씩씩댔어요.

적극적으로 의견을 내요

토론을 할 때 가장 중요한 것은 적극적으로 참여하는 거예요. 특히 사회 참여를 위한 토론은 토론 그 자체로 끝나지 않고 다양한 활동을 찾아 실천하는 과정으로 연결되므로, 뜻을 함께하는 구성원들이 적극적으로 토론에 참여하여 가장 합리적이고 구성원 모두가 충분히 할 수 있는 활동을 찾아내야 해요.

이때 누군가 결정하겠거니 하고 소극적으로 임하면 사회 참여 활동을 지속하기가 어려워요. 남의 의견을 따르기만 하면 쉽게 의욕이 떨어질 수 있기 때문이지요. 의견을 내기가 두렵다면 토론에 임하기 전에 미리 자료 조사를 해 보세요. 신문을 읽거나, 관련 책을 찾아보고 현장에 찾아가 문제점을 살펴보면 막연한 두려움을 떨칠 수 있어요.

의견이 다를 때는 무조건 반대하거나 체념하기보다 대안을 적극적으로 제시해야 논의가 진전될 수 있답니다.

한발씩 물러나요

토론에서 의견을 적극적으로 펼치는 것은 매우 중요해요. 하지만 자신의 의견만 내세우는 건 옳지 않아요. 서로를 배려하고 때로는 양보해야 감정이 상하지 않고, 의견을 하나로 모을 수 있어요.

토론할 때마다 의견이 일치하면 좋겠지만 그렇지 않은 경우가 더러 생겨요. 사람마다 가치관이 다르기 때문에 갈등이 빚어지는 건 지극히 자연스러운 일이랍니다.

어떤 사람은 사회가 지금과 같이 유지되길 바라고, 또 다른 사람은 사회가 변하기를 원해요. 환경 문제만 해도 누구는 일회용품 사용을 규제하는 것이, 누구는 시민의 인식 개선이 우선이라고 생각하지요. 이때 대화와 타협으로 문제를 풀어야 해요. 타협이란 서로 양보하여 협의하는 거예요. 대화와 타협을 통해 나와 상대방의 의견 차이를 좁혀가다 보면 모두 만족할 수 있는 결과에 도달할 수 있어요.

이럴 때는 어떻게 해야 할까요?

 함께 서명 운동을 해 보자!

 나는 다른 사람 앞에 나서기가 부끄러워. 그냥 네가 다 해.

 나는 다른 사람 앞에 나서기가 부끄러워. 서명을 받는 대신 내가 서명서를 만들게.

 (속으로) 설문 조사를 하자고 할까? 내 의견이 이상하거나 틀렸다고 하면 어쩌지? 그냥 말하지 말자.

 좋은 생각이야. 서명 운동도 하고 덧붙여서 설문 조사도 하면 어때?

같은 말이라도 슬기롭게

'같은 말이라도 '아' 다르고 '어' 다르다'라는 속담이 있어요. 같은 말을 어떻게 표현하느냐에 따라 결과가 확연히 달라진다는 뜻이지요. 토론을 할 때에도 이 말을 유념해야 해요.

상대방을 비난하거나 무시하는 투로 말하는 이유는 무의식중에라도 상대방이 틀렸다고 생각하기 때문이에요. 수학이나 과학처럼 분명한 정답이 있는 문제가 아니라면 틀린 의견이란 없어요. 그저 나와 다른 의견이 있을 뿐이지요.

상대방의 의견이 나와 다를 때는 먼저 상대방의 의견을 인정하고 공감해 주세요. 그러고 나서 자신의 의견을 조리 있게 전달해요. 서로가 이런 마음가짐으로 대화하면 갈등을 대폭 줄일 수 있답니다.

토론을 할 때는 비속어나 은어, 줄임말 등을 쓰지 않는 것이 좋아요. 토론 분위기가 너무 가벼워져 긴장감이 떨어지고, 상대방을 존중하지 않

이럴 때는 어떻게 해야 할까요?

 1인 시위를 하는 게 어때? 눈에 확 띄잖아.

 넌 쓸데없는 소리 좀 그만 해.

 홍재 말도 일리가 있어. 하지만 아직 시위를 하기에는 우리와 뜻을 같이하는 사람이 얼마 없는 것 같아. 그러니 먼저 서명 운동을 해 보는 게 어떨까?

게 되거든요. 높임말을 사용하면 말을 함부로 하지 않게 되어 예의를 갖출 수 있답니다.

회의의 종류

토의
토의는 어떤 문제를 검토하고 의논하여 해결 방법을 찾는 일이에요. 토의에는 여러 형태가 있어요. 먼저 배심 토의는 대표자들이 토의하고, 청중들은 이를 지켜보는 형태예요. 청중들이 질문을 하거나 의견을 낼 수도 있지요. 관련자가 많아서 개인의 의견을 일일이 듣기 어려운 경우 이 같은 형태로 진행해요.
포럼은 몇몇 강연자들이 강연을 한 다음, 청중에게 질문이나 의견을 받는 방식이에요. 전문가의 지식을 전해 듣고 의견을 나눔으로써 해당 분야를 더 잘 이해할 수 있어요.
원탁 토의는 10명쯤 되는 사람이 둥근 탁자에 둘러앉아 자유롭게 의견을 나누는 방식이에요. 상하 관계가 없이 평등한 입장에서 대화를 나누지요.

브레인스토밍
브레인스토밍은 자유로운 회의 방법이에요. 어떤 문제나 주제를 두고 정해진 시간 동안 아무런 제약 없이 하고 싶은 이야기나 아이디어를 내놓아요. 어떤 의견에 대해 저지하거나 비판해서도 안 돼요. 이렇게 제약이 없기 때문에 아주 창의적이고 기발한 생각들이 나오기도 해요.

토론
토론은 하나의 주제에 대해 찬성과 반대 입장으로 나눠 자신의 주장을 펼치는 회의 형태예요. 토론의 궁극적인 목적은 논란이 되는 주제에 관해 좀 더 깊이 생각해 보는 거예요. 자신의 생각을 무작정 우기거나 고집하는 것이 아니라 충분한 근거와 논리를 들어 상대방을 설득하는 과정이지요. 또한 상반된 입장을 알게 됨으로써 생각을 확장할 수 있지요.

한 걸음 더

지역 이기주의

지역 이기주의란 다른 지역은 생각하지 않고 자신이 사는 곳의 이익이나 행복만을 추구하는 태도예요. 이런 태도는 자기 지역의 이익을 위해 불편하거나 불평등한 환경을 다른 지역에 떠넘기게 만들어요.

지역 이기주의에는 여러 종류가 있어요. '님비(NIMBY)'는 'Not In My Back Yard'의 줄임말이에요. 풀이하면 '내 뒷마당에는 안 돼'라는 뜻이에요. 쓰레기 매립지나 납골당같이 사회에 꼭 필요하지만, 사람들이 선호하지 않는 시설을 자기 지역에 들이지 않으려는 태도예요. 집값이 떨어진다거나, 지역 분위기를 해친다는 이유로 반대하지요.

'바나나(BANANA)'는 'Build Absolutely Nothing Anywhere Near Anybody'의 줄임말로, '어느 곳이든 아무것도 짓지 마라'라는 뜻이에요. 님비보다 더 극단적인 태도이지요. 하수구 처리장, 음식물 쓰레기 처리장 같은 기피 시설물을 자신이 살고 있는 지역에 짓지 못하도록 강력하게 반대하는 공익성과 공동체 의식이 결여된 태도라고 볼 수 있어요.

'핌피(PIMFY)'는 'Please In My Front Yard'의 줄임말로, '내 앞마당에 부탁해요'라는 뜻이에요. 대형 놀이 시설이나 지하철역처럼 편리하고 좋은 시설을 자신이 사는 지역에 유치하려는 태도예요. 이런 시설이 생기면 땅값이 오르고 살기 편해져요. 그러므로 입장은 정반대이지만 님비나 바나나처럼 자기중심적인 생각에서 비롯된 태도라고 할 수 있어요.

공공 시설물은 사회에 꼭 필요해요. 매일 발생하는 쓰레기를 어딘가에 매립해야 하고, 하수 처리도 해야 해요. 논란이 되는 공공 시설물은 해당 지역의 대표자들과 환경 운동가들, 전문가들이 상의해서 건설 여부를 결정해요. 사람들이 꺼리는 시설은 주민들이 받을 피해를 최소화하도록 진행하고, 선호하는 시설은 반드시 필요한 위치에 건설해요. 그런데 자신의 편리와 이익만 앞세우면 여럿이 불편을 겪게 돼요. 그 불편은 언젠가 자신에게 돌아올 수 있지요.

언뜻 보면 지역 이기주의 현상은 자신이 사는 지역을 살기 좋게 만들고 보호하기 위한 움직임처럼 보여요. 그런 측면에서 사회 참여와 비슷해 보이지요. 그러나 공익이 아닌 개별 집단의 이익을 위한 행동이므로 사회 참여라고 할 수 없답니다.

직접 현장으로 나가요

친구들과 함께라서 든든해!

오늘따라 시안이네 반 분위기는 한껏 들떴어요. 아이들이 저마다 상기된 표정으로 앉아 있었지요.

칠판에는 큼지막하게 '사회 참여 발표'라는 문구가 적혀 있었어요.

선생님이 말했어요.

"오늘은 그동안 여러분이 어떤 활동을 했는지 발표하는 시간이에요. 선생님도 여러분이 어떤 활동을 했는지 무척 궁금한데요, 1조부터 발표해 볼까요?"

1조 조장이 조원들과 함께 커다란 팻말을 들고 나왔어요. 그 모습을 보자, 시안이는 더욱 긴장이 되었어요.

한 달 동안 등교 시간에 교문 앞에서 팻말을 들고 바른 말 사용을 독려하는 구호를 외쳤습니다.

또 우리 반 친구들을 대상으로 설문 조사를 하여 반 친구들이 자주 사용하는 비속어를 알아냈습니다.

그리고 그 비속어들을 대체할 수 있는 말을 교실 게시판에 붙여 놓았습니다.

학급 인터넷 카페에서 바른 말을 가장 많이 사용한 친구에게 선물을 주었습니다.

이번 사회 참여 활동을 통해 우리 학교의 비속어 사용을 줄이는 데 기여하여 매우 기쁩니다. 그리고 우리말의 소중함을 깨달았습니다.

"고생 많았어요. 선생님도 우리 반에서 비속어 사용이 줄어드는 걸 보면서 무척 흐뭇했어요. 다음, 2조 발표해 주세요."

선생님의 칭찬에 1조 아이들은 어깨가 으쓱해졌어요. 2조 조장이 긴장된 표정으로 교탁에 섰어요.

마지막으로 그동안 조사한 내용과 설문 조사 결과를 정리하여 참여 시립 도서관에 건의했습니다. 그리고 어제 저희가 건의한 안건에 대해 회의를 하고 결과를 알려 주겠다는 답변을 받았습니다.

발표가 끝나자 아이들이 박수를 쳤어요. 선생님도 환하게 웃었어요.

"훌륭해요, 2조 덕분에 우리 동네 도서관이 곧 개선될 것 같군요. 이제 3조가 발표할 차례죠?"

3조 아이들은 벌써 나와서 발표를 준비하고 있었어요.

저희 3조는 '우리 고장 문화 유적지 지키기'를 주제로 활동을 했습니다.

저희는 먼저 동네 유적지를 직접 찾아가 실태 조사를 하기로 했습니다.

그런데 조사 과정에서 조금 어려움을 겪었습니다. 관리하시는 아저씨께서 저희를 나무라셨거든요. 우리는 아저씨의 의심을 풀어 드리기 위해 유적지 주변 청소부터 시작했습니다.

그리고 인터넷에서 다른 지역 유적지를 찾아 어떻게 관리하고 있는지 살펴보았습니다. 그것을 토대로 개선 방안을 정리하였고, 그 내용을 지역 신문사에 보냈습니다.

또한 선생님의 도움으로 지역 주민 회의에 참석하여 지역 주민들이 유적지 관리와 보호에 관심을 갖도록 홍보하였습니다.

"3조의 발표를 마치겠습니다."

3조도 박수를 받으며 자리로 들어갔어요. 시안이는 발표 자료를 다시 훑어보았어요.

'조원들이 없었다면 결코 해내지 못했을 거야.'

문득 그런 생각이 들어 콧잔등이 시큰해졌어요.

시안이를 비롯한 4조 조원들이 앞으로 나왔어요. 시안이는 헛기침을 하고 조심스럽게 말을 꺼냈어요.

또 서명서를 만들어 서명을 받았습니다.

마지막으로 시청에 청원서를 보내고, 답변을 기다리고 있습니다.

"4조도 고생이 많았어요. 시안이는 이번 활동을 통해 무엇을 느꼈나요?"

"안전이 얼마나 중요한 문제인지 깨달았습니다. 그리고 혼자서는 엄두를 내지 못할 일도 친구들과 함께라면 해낼 수 있다는 것을 배웠습니다."

시안이는 반 친구들을 향해 인사했어요. 아이들의 박수 소리에 마음이 뭉클했지요.

문제를 진단하는 방법

사회 참여는 문제가 무엇인지 정확하게 파악하는 것부터 시작해야 해요. 의사가 환자의 상태를 판단하는 일을 '진단'이라고 하는데, 사회 문제도 이런 진단이 필요하답니다. 문제를 진단하는 데에는 몇 가지 방법이 있어요.

현장 방문

반드시 문제가 있는 곳을 직접 찾아가 봐야 해요. 실태를 정확하게 파악하고 문제의 원인이 무엇인지 눈으로 확인해야 하니까요. '백문이 불여일견'이라는 말이 있듯이 백 번 듣는 것보다 한 번 보는 것이 더 생생하게 와닿을 수 있어요. 만일 현장이 집이나 학교에서 멀다면 부모님께 허락을 받고 보호자와 함께 가도록 해요.

현장에서는 되도록 사진이나 동영상을 많이 찍어 두어요. 나중에 증거 등 다양한 자료로 활용할 수 있거든요. 이때 그 장소가 촬영 금지 구역인지 아닌지는 꼭 확인해야겠지요?

설문 조사

설문 조사는 많은 사람들의 생각을 알아보는 작업이에요. 주제에 대해 질문한 다음, 그 답을 모아서 통계를 내지요.

이 통계를 통해 사람들이 가장 큰 문제라고 생각하는 점이나 문제의 원인을 파악해요. 또한 생각지 못했던 점을 알아내고, 때로는 해결책을 찾을 수도 있지요.

설문 조사는 전화로 묻는 방법과 문서로 묻는 방법이 있어요. 요즘은 설문 조사를 만드는 사이트나 애플리케이션을 활용하여 온라인으로 조사하기도 하지요.

설문지를 작성할 때는 주제를 한눈에 알아볼 수 있도록 제목을 간결하게 정하고, 제목 아래에 설문에 대한 취지를 적어요. 취지에는 설문 조사의 목적과 조사 자료가 어디에 쓰이는지 등을 밝혀 신뢰도를 높여요.

시안이네 조가 작성한 설문지

교문 앞 횡단보도 이용에 관한 설문 조사

안녕하십니까. 저희는 참여 초등학교 5학년 2반 사회 참여 4조입니다. 신호등이 설치되지 않은 학교 앞 횡단보도를 이용하는 분들의 의견을 듣고자 설문 조사를 실시하고 있습니다. 이 자료는 교문 앞 횡단보도를 안전하게 만드는 일에만 쓰일 것입니다. 설문 조사에 참여해 주셔서 진심으로 감사드립니다.

1. 귀하의 나이는?
   ① 10대 ② 20대 ③ 30대 ④ 40대 ⑤ 50대 이상

2. 귀하의 직업은?
   ① 초등학생 ② 중·고등학생 ③ 대학생 ④ 직장인 ⑤ 기타

3. 학교 앞 횡단보도를 이용하신 적이 있습니까?
   ① 예 ② 아니오

3-1. (3에서 '예'를 표시하신 분만) 학교 앞 횡단보도를 얼마나 자주 이용합니까?
   ① 하루 한 번 ② 하루에 두 번 이상 ③ 일주일에 한 번
   ④ 한 달에 한 번 ⑤ 거의 없다

4. 학교 앞 횡단보도에서 교통사고를 겪었거나, 겪을 뻔한 적이 있습니까?
   ① 예 ② 아니오

5. 횡단보도에 신호등을 설치해야 한다고 생각합니까?
   ① 예 ② 아니오

5-1. (5에서 '예'를 표시하신 분만) 횡단보도에 신호등을 설치해야 한다고 생각하는 이유는 무엇입니까? (자유롭게 적어 주세요.)

인터뷰

설문 조사가 다수의 생각을 파악하는 방법이라면, 인터뷰는 소수의 생각을 더 자세히 알아보는 방법이에요. 인터뷰는 설문 조사보다 시간이 좀 더 걸리지만, 깊이 있고 전문적인 정보를 얻을 수 있어요.

인터뷰는 얼굴을 마주 보고 진행하는 대면 인터뷰, 질문지를 작성하여 메일이나 편지로 답변을 받는 서면 인터뷰, 전화로 진행하는 전화 인터뷰 등이 있어요.

인터뷰는 크게 '인터뷰할 대상 섭외 → 질문지 작성 → 인터뷰'의 순서로 진행해요. 질문지를 작성할 때 핵심 질문들을 앞쪽에 배치하면 시간이 부족해서 중요한 대답을 듣지 못하는 실수를 방지할 수 있답니다.

인터뷰 대상자에게 주요 질문을 미리 보내 질문에 대해 생각할 시간을 주는 것도 좋아요.

자료 수집

때로는 사회 정책이나 관습 등이 문제의 원인이 되기도 해요. 그럴 때는 주제와 관련된 법이나 역사에 관한 지식이 도움이 돼요.

요즘은 인터넷을 검색하면 자료를 많이 찾을 수 있어요. 그렇지만 책이나 논문에서 더 적확한 정보를 얻을 수 있어요. 전문가가 연구를 거듭하여 쓴 자료이므로 인터넷상의 자료보다 훨씬 신뢰할 수 있지요.

과거에 일어난 사건이 궁금하다면 해당 시기에 발행된 신문 기사를 찾아보세요. 인터넷에 검색하거나 언론사에 요청하면 볼 수 있어요.

적확하다 정확하게 맞아 조금도 틀리지 아니하다.

해결 방안 찾기

해결 방안을 찾는 과정은 3단계로 이루어져요. 우선 어떻게 해야 지금보다 나아질지 개선점을 찾아요. 꼭 직접 할 수 있는 범위에서 찾지 않아도 돼요. 사회 정책이나 사람들의 인식을 변화시킬 수 있는 방법도 좋아요.

다음은 실행 단계예요. 이 단계에서는 할 수 있는 일과 할 수 없는 일을 구분하고, 누구를 만날지, 어떤 활동을 어떤 방법으로 실행할지, 어느 기관에 요청할지 등을 세세하게 정리해요.

끝으로 결과를 예측해요. 예측을 하는 이유는 실수를 줄이기 위해서예요. 부작용은 없을지, 또 다른 문제가 생기지는 않을지 따져 보면 지금의 해결 방안이 적절한지 알 수 있어요.

해결 방안 찾기

개선점 찾기 학교 앞 횡단보도에 신호등을 설치하면 교통사고가 줄어들 거야.

실행하기 학교 앞 횡단보도에 신호등이 필요하다고 생각하는 사람들에게 서명을 받고, 시청에 청원을 하자.

결과 예측 학교 앞 횡단보도에 신호등을 설치하면 지금보다 교통 체증이 늘어날 수 있어. 또 다른 문제는 없을까?

서명서는 이렇게 작성해요

서명이란 서명서의 내용에 동의한다는 의미에서 자신의 개인 정보를 남기고 서명에 대해 책임지는 일이에요. 서명서는 그런 서명을 적는 서류이지요.

서명 운동은 여러분의 의견에 많은 사람이 찬성한다는 것을 알리기 위해 벌이는 사회 참여 방식이에요. 그러므로 많은 사람이 참여할수록 더욱 설득력을 갖지요.

서명서에는 우선 서명 운동을 진행하는 주체와 목적을 정확히 밝혀야 해요. 주체가 모호하거나 목적에 의구심이 들면 사람들이 서명을 하지 않을 테니까요. 또 어느 기관에 서명서를 제출할지, 혹은 어떤 용도로 쓸지도 알려야 해요.

서명서는 반드시 복사해 둬요. 원본을 잃어버렸을 때를 대비해서 말이에요.

시안이네 조에서 작성한 서명서

안녕하세요. 저희는 참여 초등학교 5학년 2반 사회 참여 4조입니다.

저희는 지난 몇 달 동안 학교 앞 횡단보도 사용 실태에 대해 설문 조사를 했습니다. 횡단보도를 이용하는 어른과 학생 200명을 대상으로 조사한 결과, 67%가 횡단보도에 신호등을 설치해야 한다고 답했습니다. 또한 설문에 참여한 학생 130명 중 30명이 이 횡단보도를 건너다가 사고를 당할 뻔했거나 실제로 사고를 당했다고 말했습니다.

그래서 저희는 시민들의 서명을 받아 시청에 참여 초등학교 앞 횡단보도에 신호등을 설치해 달라고 청원할 계획입니다. 저희 의견에 동의하시면 서명을 부탁드립니다. 감사합니다.

이름	학교명/직장명	이메일 주소	서명

청원서는 이렇게 작성해요

청원서는 시민이 바라는 내용을 정해진 형식에 맞게 작성하여 국가 기관에 보내는 서류예요.

청원서에 보내는 사람의 연락처와 주소를 적으면 답변을 빨리 받을 수 있어요. 또한 문제 상황과 요구 사항을 상세하게 적되, 핵심 내용이 잘 드러나도록 간결한 문장으로 작성해요. 또 청원을 뒷받침할 합리적인 근거를 제시해야 해요. 그래야 청원의 설득력이 높아지지요.

청원서를 작성한 후 선생님이나 부모님에게 점검을 받아 부족한 부분을 채워요.

청원서

제목: 참여 초등학교 정문 앞 사거리 횡단보도에 신호등을 설치해 주세요.

내용: 참여 초등학교 5학년 2반 학생 6명(이하 4조)은 참여 초등학교 정문 앞 사거리 횡단보도에 신호등을 설치해 줄 것을 청원합니다.

저희 4조는 지난 3개월간 참여 초등학교 앞 사거리 횡단보도의 실태에 관해 조사했습니다. 그 결과, 해당 기간에 횡단보도에서 무려 세 번의 교통사고가 일어났고, 그중 한 번은 참여 초등학교 학생이 피해자였음을 알아냈습니다.

이에 횡단보도를 이용하는 사람을 대상으로 설문 조사를 실시했습니다. 설문 조사 결과 참여 초등학교 학생 130명 중 77명이 '사거리 횡단보도를 이용할 때 불안하다'고 답했습니다. 또한 참여 초등학교 학생과 교직원, 이웃 주민을 포함해 총 232명에게 신호등 설치에 찬성한다는 서명을 받았습니다.

학교 앞 사거리 횡단보도는 참여 초등학교 학생들과 인근 마을 주민들이 이용합니다. 이용하는 사람들은 횡단보도에 신호등이 없어 언제 건너야 할지, 언제 멈추어야 할지 몰라 머뭇거립니다. 이는 교통사고를 일으키는 주요 원인이 됩니다. 이러한 이유로 저희 학급 전원을 비롯해 서명에 동참한 232명은 참여 초등학교 정문 앞 사거리 횡단보도에 신호등을 설치할 것을 요청합니다. 우리의 청원은 참여 초등학교 어린이들과 지역 주민의 교통안전에 직결되는 것이므로 최대한 빨리 조치해 주시길 바랍니다.

2019년 ○○월 ○○일

참여 초등학교 5학년 2반 4조 대표 어시안
주소: 서울특별시 참여구 참여동 개암아파트 1동 201호
연락처: 집 ○○○-○○○-○○○○ 학교 ○○○-○○○○

한 걸음 더

이런 방법도 있어요!

세상에는 자신만의 방법으로 사회 참여를 실천한 사람들이 있어요. 어떤 방법으로 사회를 바꾸는 일에 나섰는지 알아볼까요?

그림으로 사회 부조리를 알린 피카소

파블로 피카소는 스페인의 화가예요. 1901년 처음으로 개인 전시회를 열고 본격적인 활동을 시작했지요. 피카소는 주로 파리에서 활동하며 입체주의라는 새로운 미술 양식을 탄생시켰어요.

피카소는 고국인 스페인에서 일어난 전쟁의 참상을 고발하기 위해 '게르니카'라는 그림을 그렸어요. 1937년 4월 26일, 독일 나치군은 스페인의 '게르니카' 지역에 폭탄을 퍼부어 수많은 민간인을 잔인하게 죽였어요. 기록에 따르면 약 2000명이

피카소가 전쟁의 참상을 고발하기 위해 그린 〈게르니카〉.

죽거나 다쳤어요. 피카소는 이 비극을 그림으로 표현하고, 참상이 일어난 지역의 이름을 본따 '게르니카'라는 제목을 붙였어요.

버스 운행 방향을 알려 준 화살표 청년

낯선 지역에서 버스를 타려고 정류장에 서면 갈팡질팡하게 돼요. 정류장에 서는 버스가 어느 방향으로 가는지 헷갈리기 때문이지요. 애써 횡단보도를 건너 반대편으로 왔는데, 버스가 반대 방향으로 가서 불편을 겪는 일도 종종 생겨요.

이민호 씨도 이런 고충을 겪었어요. 그래서 이 문제를 개선하기로 결심했지요. 그는 하루에 10시간씩 자전거를 타고 서울 시내를 돌아다녔어요. 버스 정류장의 노선표에 미리 준비해 둔 빨간색 화살표 스티커를 붙여 버스가 이동하는 방향을 표시했어요. 그렇게 700개가 넘는 정류장에 스티커를 붙여 사람들이 버스의 진행 방향을 쉽게 알 수 있게 했지요. 그의 활동이 알려지자 지자체에서도 문제점을 인식하고, 그의 뜻에 동참했어요. 이처럼 한 사람의 작은 실천이 사회를 좀 더 빠르게 변화시키기도 한답니다.

사회 참여, 정리는 이렇게!

세상이 다르게 보여!

선생님이 벅찬 눈빛으로 아이들을 둘러보았어요.

"지난 시간에 여러분의 발표를 듣고 선생님은 무척 감동했어요. 1조 덕분에 우리 반에서 비속어 사용이 눈에 띄게 줄었어요. 또 시립 도서관에서는 어린이용 책걸상을 설치하겠다죠? 2조의 노력 덕분이지요. 3조를 통해 우리 고장 유적지를 소중히 여겨야 한다는 사실도 배웠어요. 4조도 반가운 소식이 들리던데요?"

"시청에서 답변을 받았는데 신호등 설치와 관련해서 긍정적으로 검토하고 연락을 주겠다고 했어요!"

시안이의 대답에 반 아이들이 놀라는 눈치였어요.

선생님이 말을 이어 갔어요.

소원을
살 만난 것 같아.

멋진
경험이었어.

뿌듯했어.

세상이
다르게 보여.

사회에
관심을 가져야
겠어!

"이번 경우처럼 단번에 성과를 이루기는 사실상 힘들어요. 운도 따랐겠지만, 여러분이 그만큼 준비를 잘했기 때문에 가능했다고 생각해요. 오늘은 이제까지의 과정과 성과를 정리해 봅시다. 여러분의 활동을 스스로 평가하는 거지요. 잘한 점은 무엇인지, 어떤 점을 개선해야 할지, 또 무엇을 느꼈는지 조원들과 자유롭게 이야기해 보세요."

시안이네 조에서는 초은이가 먼저 말문을 열었어요.

"나는 솔직히 우리가 이렇게까지 잘할 줄 몰랐어. 처음에는 싸우기도 했잖아. 의견도 잘 맞지 않고. 그런데 시간이 지나면서 다들 열심히 하니까 나도 열심히 하게 되더라고. 내가 조원들을 잘 만난 것 같아."

다음으로 시안이가 말했어요.

"사회 참여가 이렇게 재미있는 활동인지 몰랐어. 우리 또래의 아이들이 사회를 변화시킨 이야기는 뉴스에나 나오는 것인 줄 알았어. 그런데 내가 그 주인공이 되다니 신기했어. 나에게 사회를 바꿀 수 있는 힘이 있으니 앞으로 사회 문제에 더 관심을 가져야겠어."

"그래, 시안이가 이번에 제일 열심히 했지. 조장으로서 궂은일을 다 했잖아."

홍재의 칭찬에 시안이가 얼굴을 붉혔어요. 홍재가 말했어요.

"이번 활동을 하고 나니 우리 주변의 문제들이 보이더라. 저번에 공원을 지나가는데 놀이 기구가 부서져 있었어. 또 요즘 들어 길가에 고양이들도 자주 눈에 띄고. 조금만 관심을 가지면 이렇게 여러 문제들이 보이는구나 싶었어. 세상이 다르게 보인다고나 할까? 이전보다 시야가 넓어진 것 같아 뿌듯해."

홍재가 자기 가슴을 탕탕 두드렸어요. 옆에 앉은 규호도 소감을 말했어요.

"난 성격이 내성적이어서 낯선 사람에게 말을 잘 못 걸었는데, 이번에 그런 성격이 조금 바뀐 것 같아. 이제는 처음 만나는 사람 앞에서 내 의견을 말하는 것이 별로 두렵지 않아."

"나는 사회 문제를 개선하고자 할 때 충분히 설득력을 갖춰야 한다는 걸 깨달았어. 불만을 쏟아 내거나 떼쓰는 것으로는 문제를 바로잡을 수 없지. 상대방을 이해시키고 동의를 이끌어 내기 위해 많은 것을 준비해야 한다는 걸 배웠어."

새온이도 소감을 얘기했어요. 이제 아이들은 우진이를 쳐다보았어요.

"음, 쑥스럽지만 얘기할게. 게임보다 재미있는 일이 있다는 걸 깨달았어. 끝!"

"그게 다야? 우리는 엄청 길게 말했는데."

"게임만 붙잡고 사는 우진이가 이 정도 말했으면 됐지 뭐."

아이들은 서로를 보며 웃었어요. 그때 선생님이 교탁을 두드렸어요. 화면에 문서 하나가 보였어요.

초은이가 물었어요.

"선생님, 저건 뭐예요?"

"사회 참여 보고서 양식이에요. 여기에 맞춰 여러분이 했던 활동들을 정리해 보세요. 여러분이 만든 보고서는 청소년 사회 참여 발표 대회에 신청할 거예요."

"사회 참여 발표 대회요?"

아이들이 술렁거렸어요. 규호가 손사래를 치며 말했어요.

"다른 사람들 앞에서 발표를 하라고요? 아, 못해요!"

"겁낼 이유가 하나도 없어요. 여러분은 더 어려운 활동도 거뜬히 해냈는걸요? 그리고 대회와 상관없이, 여러분이 했던 활동을 정리해 두면 나중에 또 다른 활동을 할 때 큰 도움이 될 거예요. 자, 그럼 보고서를 작성하는 방법에 대해 알아보도록 해요."

사회 참여 활동 보고서는 이렇게 정리해요

사회 참여 활동을 하다 보면 많은 과정을 거쳐요. 문제를 제기하는 순간부터 해결하기까지 여러 단계를 밟아 나가지요. 이것을 그때그때 기록하기는 쉽지 않으므로 활동을 끝낸 다음 한번에 정리해요. 정리를 하면 어떻게 활동을 시작해서 어떤 결과를 얻었는지 한눈에 파악할 수 있어요. 활동 과정에서 있었던 시행착오˚도 자세히 기록해 두면 다음 활동에 도움이 되지요.

책이나 논문 등의 자료를 발췌했거나 인용했다면 출처를 정확하게 밝혀 두는 것이 좋아요. 나중에 발표 대회에 제출할 때를 대비해서 말이에

시행착오 목표에 도달하는 확실한 방법을 모르는 채, 시행과 잘못을 되풀이하다가 우연히 성공하다 보면 점점 목표에 도달하는 시간이 짧아진다는 학습 원리.

요. 출처가 명확하지 않은 정보는 신뢰를 떨어뜨리고 저작권 문제를 야기할 수도 있어요.

사회 참여 활동 보고서는 크게 다섯 단계로 나누어 정리해요. '문제 제기-공공 정책 점검-공공 정책 제시-실천-활동 소감'이에요. 각 단계별로 어떻게 정리하는지 살펴봐요.

1단계: 문제 제기

어떤 일을 왜 문제라고 생각했는지 정리하는 단계예요. '뭔가 잘못되었어'라고 문제를 인식한 순간은 언제였나요? 문제를 파악하게 된 계기와 이유, 문제 상황들을 자세하게 적어 보세요.

시안이네 조에서 작성한 문제 제기

1-1. 문제 제기
참여 초등학교 정문에서 서너 걸음 걸으면 사거리가 나옵니다. 거리가 짧아서인지 횡단보도만 있고 신호등이 없습니다. 어른들은 금방 건너지만, 어린이는 횡단보도를 건너는 데 시간이 걸립니다. 멀리서 오는 차를 보지 못할 수도 있습니다.

1-2. 상황 조사
동네 경찰서에 확인해 보니, 이 주변에서 지난 3개월 동안 교통사고가 세 차례 발생했습니다. 한 달에 한 번 꼴로 사고가 난 셈입니다. 그중에 한 번은 우리 학교 학생이 당한 사고였습니다. 우리 학교 학생 500명이 등·하교를 할 때 사거리 횡단보도를 이용하므로 사고는 언제든지 다시 일어날 수 있습니다.

2단계: 공공 정책 점검

정부가 이 문제와 관련하여 어떤 정책을 세웠는지 적어 보세요. 사회 문제는 개인적인 원인에서 생기기도 하지만, 사회 구조에서 비롯되기도 해요. 정부의 정책을 점검하고, 정책대로 시행되고 있는지, 정책 자체에 문제나 한계는 없는지 살펴보세요.

시안이네 조에서 작성한 공공 정책 점검

2-1. 정부 정책
우리나라 도로교통법에 의하면 횡단보도의 통행량이 가장 많은 1시간 동안 횡단보도를 건너는 사람이 150명 이상일 때, 어린이 보호 구역인 초등학교나 유치원 출입문과 가장 가까운 거리에 있는 횡단보도에 신호등을 설치해야 합니다.
- 출처 : 논문 '우리나라와 미국 간 교통 신호등 설치 기준 비교 연구 및 교훈(2014)'

2-2. 정책 실태
우리 동네 전체를 둘러본 결과, 도로 폭이 아주 넓은 곳에만 신호등이 설치되어 있었습니다. 우리 학교 앞 횡단보도처럼 거리가 짧은 곳에는 신호등이 없었습니다.

2-3. 정책의 한계
정부가 어린이 보호 구역을 제대로 관리하지 않는 것으로 추측합니다.

3단계: 공공 정책 제시

여러분이 정책을 만든다고 상상해 보세요. 어떤 정책을 세워야 문제가 개선될까요? 이번 단계에서는 어떤 정책을 도입해야 하는지, 또 여러분이 만든 정책의 장점 혹은 단점은 무엇인지, 이런 정책이 생기면 사회가 어떻게 개선될지 등을 정리해 보세요.

시안이네 조에서 작성한 공공 정책 제시

3-1. 정책 제시
- 초등학교와 유치원 입구에서 가장 가까운 횡단보도에는 '길이에 상관없이' 신호등 설치를 의무화하는 법을 추가로 만듭니다.
- 법을 지키지 않을 경우 처벌을 강화하는 규정을 만듭니다.
- 참여 초등학교 앞 사거리 횡단보도에 신호등을 설치합니다.

3-2. 기대 효과
- 어린이 보호 구역에서 사고가 줄어듭니다.
- 학생들이 불안해하지 않고 안전하게 횡단보도를 이용합니다.

4단계: 실천 사항

여러분이 시행했던 구체적인 활동들을 정리하는 단계예요. 설문 조사

와 서명 운동, 캠페인 사진, 청원서 등 모든 활동 사항들을 기록해요. 아직 결과가 나오지 않았거나 관련 기관 등에서 확실한 답을 듣지 못했다면 그에 따른 실천 계획도 함께 적어요.

시안이네 조에서 작성한 실천 사항

4-1. 설문 조사
참여 초등학교 학생과 횡단보도를 이용하는 어른을 대상으로 설문 조사를 하였습니다. 총 200명을 대상으로 설문 조사한 결과, 30명의 학생들이 크고 작은 교통사고를 직접 겪었거나 목격했습니다. 또한 67%가 학교 앞 횡단보도에 신호등을 설치해야 한다고 응답했습니다.

4-2. 손 팻말 시위
일주일간 등교 시간 15분, 하교 시간 15분 동안 학교 앞에서 손 팻말 시위를 했습니다. 이를 통해 이웃 주민과 학생들에게 신호등 설치의 필요성을 알렸습니다.

4-3. 서명 운동
신호등을 이용하는 마을 사람들과 학생들에게 서명을 받았습니다. 총 232명이 서명에 동참했습니다.

4-4. 청원서
지난 5월, 시청에 청원서를 보냈습니다. 시청에서는 올해 안에 참여 초등학교 앞에 신호등을 설치하겠다고 답변을 보내 왔습니다.

4-5. 향후 실천 계획
저희는 올해 안에 신호등을 설치하는지 지켜볼 예정입니다. 만약 신호등을 설치하지 않는다면 시청에 다시 요청하고, 이 내용을 지역 언론사에 제보할 계획입니다.

5단계: 소감을 정리해요

사회 참여 활동을 하면서 느낀 점을 모두 적어 보세요. 보람 있었던 순간, 아쉬운 점, 개선하고 싶은 점, 뜻깊었던 일들을 자유롭게 써 보는 거예요.

시안이네 조에서 작성한 활동 소감

시안: 조장으로서 책임감을 갖고 열심히 노력했습니다. 앞으로도 기회가 되면 다른 주제로 사회 참여 활동을 하고 싶습니다.

초은: 더 많은 사람을 대상으로 설문 조사를 하지 못해 아쉬웠습니다. 조원들이 모두 열심히 참여해 좋은 결과를 낼 수 있었다고 생각합니다.

홍재: 시청에서 신호등 설치를 검토하겠다는 연락을 받았을 때 가슴이 뛰었습니다. 앞으로도 내가 사는 지역에 더 관심을 가져야겠습니다.

규호: 조금 더 열심히 활동할걸 하는 아쉬움이 남습니다. 우리 지역, 더 나아가 우리 사회의 문제에 더욱 관심을 갖고 참여하고 싶습니다.

우진: 사회를 바꾸는 건 어른들의 몫인 줄 알았는데, 우리 같은 어린이도 그 역할을 할 수 있다는 것을 깨달았습니다.

새은: 사회 문제를 개선하고자 할 때 설득력을 갖춰야 한다는 사실을 배웠습니다. 행동하는 사람이 돼야겠다고 다짐했습니다.

한 걸음 더

세계의 사회 참여 교육

전 세계의 여러 나라에서는 어린이와 청소년들에게 사회 참여의 중요성을 알리는 시민 교육을 해요. 어려서부터 사회 참여의 중요성을 배우면 어른이 되어서도 자연스럽게 사회에 관심을 갖고 변화를 이끌어 내기 위해 앞장설 테니까요.

프랑스의 시민 교육 교과서

프랑스에는 초등학교와 중학교에 '시민 교육'이라는 교과목이 있어요. 학생들은 이 시간에 시민의 의미와 권리는 물론이고, 인권, 법, 연대, 평등과 같은 민주주의의 가치를 배워요. 그러면서 자연스럽게 사회에 관심을 갖고, 사회 참여를 해야 하는 이유를 깨닫지요. 또 자유롭게 토론을 벌이면서 상대방과 의견을 주고받고 상대방의 의견을 존중하는 방법을 터득해요.

프랑스 중학교의 시민 교육 교과서.

독일의 학급평의회

매주 1회 열리는 학급 회의로, 아이들이 서로 둘러앉아 회의를 해요. 회의 주제는 매우 다양해요. 학급 내의 갈등이나, 학교에서 발생한 사건, 혹은 사회의 주요 뉴스를 두고 토론을 벌이지요. 한 가지 주제를 정해 프로젝트를 진행하기도 해요.

학생들은 회의 시간에 돌아가면서 사회를 보거나 기록, 회의 관리 같은 임무를

맡아요. 회의는 일정한 절차를 거쳐 이루어지는데, 먼저 인사를 하고 서로 칭찬을 해요. 그런 다음 회의 주제를 정해 토론을 벌이고, 합의점을 찾아내요. 마지막으로 그날 회의한 내용을 평가하고 회의를 끝내요.

학급평의회를 통해 학생들은 민주주의를 몸소 체험하고 자기 자신과 주변을 끊임없이 돌아본답니다.

스웨덴의 토론 교육

스웨덴은 초등학교 3학년 때부터 토론 수업을 해요. 토론 주제는 반려동물을 키우면 좋은 점부터 교통 정책과 시사 문제까지 다양해요.

토론 수업을 할 때 되도록 선생님은 개입하지 않아요. 학생들이 스스로 생각하는 힘을 키우도록 하기 위해서지요. 또 학생들의 생각을 존중하기 때문이기도 해요. 중학교에서는 더욱 심도 깊은 주제로 열띤 토론을 벌인답니다.

한국의 청소년 사회 참여 발표 대회

2010년에 처음 시작된 '청소년 사회 참여 발표 대회'는 민주화운동기념사업회와 경희대학교 후마니타스 칼리지가 공동 주최해요. 11~19살의 청소년이라면 누구나 참가할 수 있지요. 이 대회에 참가한 학생들은 점자 메뉴판 만들기, 자투리 땅에 정원을 가꾸는 정책 만들기, 탈북 청소년을 위한 지원책 제안 등 자기 주변의 일부터 굵직한 사회 이슈에 이르기까지 다양한 문제들에 대안을 제시하고 해결하기 위해 활동을 벌여요.

청소년 사회 참여 발표 대회 포스터.